ことばの授業づくりハンドブック

探究学習

── 授業実践史をふまえて ──

神戸大学名誉教授
浜本 純逸【監修】

早稲田大学教授
幸田 国広【編】

渓水社

先行実践をレビューする変な序文

はじめに

　中等教育学校の国語科教育は、一般に座学であった。教師が調べてきたことを講義によって注入し、生徒はひたすらノートをとっていた。そこで得た記憶が知識として教養として評価された。

　グローバリズムが広がるこれからの世界では多様な価値観を持つ人々との出会いが急速に進んでいく。その時求められるのは記憶された教養知ではなく、活動を通して（アクティブに）汲み取り新しい「知」を作りだして生きる方法知である。その中核となる「思考力」の育成が教育の中心となる。「探究型の国語教育」は、多様な価値観を理解し新しい「知」を生み出していく力を育てる。

　情報テクノロジー（IT）が発達した現代では多様な情報が溢れ、「正解のない時代」の到来が実感されている。これからの社会に生きる子どもたちには「自ら課題を見つけ、情報を集め、協働して解決し、発信する能力」が求められている。そのような思考力・表現力を育てる方法として「総合的な学習」が工夫され、「探究学習」が追求されてきた。

　幸田国広氏が「総論」で述べているように、伝統的な注入型の教育に対して、1920年（昭和初年）頃から新教育の一環として「探究教育」が試みられてきた。本書は、2000（平成12）年以来のおよそ20年間の「探究学習」を収集して私たちの遺産になるように整理したものである。気鋭の研究者によって提案性のある実践が掘り起こされ、新しい課題も提示されている。

　本書に取り出されている実践を遺産とすることによって「探究」の新しい国語科教育実践が生み出されていくであろうという私の夢は大きい。

　ここでは、私の心に強く残っている、1980年頃から1990年頃までの「探究学習指導」の先行実践三点を紹介して序文としたい。

一　コザ高等学校の聞き書き学習

　戦前の「郷土教育」は、「愛郷即愛国精神」というスローガンのもとに大東亜戦争の精神を支える運動と化した。一方の生活綴り方運動の「調べる綴り方」は批判精神を養い、戦後の『山びこ学校』（無着成恭編、青銅社、1951年）に受け継がれていった。コザ高校の実践は「調べる綴り方」の一典型であり、街に入って人びとのことばを聞く「聞き書き」は、町の人々と対話し深刻な基地問題に向かい合う場となった。

　沖縄県立コザ高等学校国語科は、1982年から1986年の間に学んだ生徒による「聞き書き」を編集して『コザの歴史の渦を見つめて』（沖縄時事出版、1987年）を刊行した。

　三章に分けられたその内容を目次によって抄出すると次の通りである。

次に、「第一章　移り変わるコザの街」の聞き書き二篇〈真栄城さん（42歳）の話〉と〈嘉手納基地の中に入って〉を紹介する。

〈真栄城さん（42歳）の話〉

「戦前、森根というところに一年間住んでいたのですが、疎開で国頭にいき戦争が終わって帰ってくると、そこはもうフェンスが張られていて入れなくなっていたので、もうどうしようもなかったのです。

現在嘉手納基地がある場所は、昔は純農村で田園地域で、主にキビやみかんなどを生産して那覇の町に売って暮らしていたんです。

嘉手納基地の特徴というのは、アメリカの核戦略のための基地であり、知花弾薬庫などもある。そして、スペースシャトルも着陸できるともいわれています。

基地があるために起きた事故、事件で特に印象に残っているものは一九六八年十一月のB五二爆発事故や一九五九年の石川の宮森小学校ジェット機墜落事故などです。

だから、基地によって損害は受けても恩恵を受けたものはないと思います。」と話していた。

〈嘉手納基地に入って〉

「私たちは、どうしても基地の中の様子が知りたくて、基地の中を見学することにしました。その時基地の中を案内してくれたのは美奈子さんのお父さんでした。

飛行場はとにかく広かった。それに、大きな格納庫があって、何十機という戦闘機が置いてありました。

もうちょっと細かい所まで見たかったのですが、時間がありませんでした。だけど全然知らなかった基地内の様子が少し分かっただけでも私たちは勉強になったような気がします。　…中略…

私たちは聞き書きをして、いろいろなことを学びました。何人かの方々から話を聞き、そのことから基地に取られた土地の問題、基地周辺の騒音などたくさんの問題に沖縄の人々が悩まされていることが分かりました。だからこれからは基地問題について関心を持っていきたいと思います。」（同書　53-55頁）

生徒は、戦後の歴史のなかで「変わりゆくコザの街を総合的にとらえ、思考の基礎となる事実認識を確かにしていった。

本書の「あとがき」で、教師たちは「聞き書き学習」について、次のように記している。

　　受身的な学習に慣れてしまっている生徒たちは、当初、計画と行動をともなうこの学習形態に、かなりの戸惑いと抵抗をみせました。しかし、自分の住む街を資料で調べたり、実際に歩いてみたり、または知らない方と話をしたりすることで新鮮な感動が呼びさまされ、次第に知的好奇心をかきたてられていったようでした。そして、グループ学習を通して、彼らは他人との関わり方や、個人のありようなどをも学んでいったように思えます。

　　私たちにとってもこの実践は、生徒観や授業観を考えていく上で多くの示唆を与えてくれるものとなりましたし、生徒と学ぶという点で貴重な体験を得させてくれました。

生徒たちは、街を歩き知らない方と話をしたりする行動学習（アクティブ・ラーニング）で新鮮な感動を覚え、好奇心をかきたてられた。教師は、生徒とともに学ぶ体験を授業変革のきっかけとしたい、と記している。

コザ高校の実践は、近代教育の「一斉授業」を越えるものであった。生徒を「学習の主体にする」教育を求めている現代教育へ多くの示唆を与えている。（同書　54-55頁）

この実践の背景には、戦後の平和教育運動がある。戦後初期の平和教育は、『原爆の子』（長田新編、岩波書店、1951年）に始まる被爆体験・戦争体験の継承を主とするものであった。1970年代になるとベトナム戦争が激化し、沖縄の嘉手納基地から飛び立つ飛行機がベトナム空爆をおこなっている事実が周知され、「沖縄で日本の平和と民主主義を教える」平和教育へと深化した。

教育方法の変革を求めて、1980年2月には『自己学習能力を育てる―学校

の新しい役割—』（波多野誼余夫編、東京大学出版会）が刊行され広く読まれ、1980年代は「自己学習力の育成」が追求された時代であった。

「平和」「環境」「国家と個人」「自由と平等」「経済と文化」「メディアと言語」などは各教科を越えておこなう「総合的な探究学習」である。

コザ高校の実践は、今は昔の実践ではあるが、争いを軍事力で解決しようという風潮が見られる現在において、「足もとからおこなう平和教育・私たちの国語科教育」のための屹立した指標となるであろう。

二　片桐啓惠の「自分たちで行う授業」

1990年度、片桐啓惠は、長崎市内の工業高校において３年生の国語科を担当した。成長中の生徒の３年間の授業目標を「自己探究」と定め、言語活動を通して、ことばの力の深化・拡充を図りつつ自我意識を目覚めさせ自己と向き合う学習指導を進めた。最終学年である３年次に、生徒を教える側に廻らせて、学ぶ力を体感させる《自分たちで行う授業》を試みた。豊かで個性的な言語生活者の自立を求めたのである。国語科でおこなった自己探究の協同学習（片桐啓惠「自分たちで行う授業」大平浩哉編著『新しい授業の工夫　20選　第３集』大修館書店、1994年）を紹介する。

片桐は、言語活動の面からの基礎学力を〈自分が知りたいことは何かをつかむ力〉ととらえ、高等学校３年間の学習活動を下図のように構造化していた。

	３　年	２　年	１　年
			グループ学習活動
			図書室での調査、資料づくり
			発表のしかた
自分たちで行う授業	批判読み	構造図をつくりながら読みとりの力をつける	課題読み
	朗読・群読	話すこと、聞くこと	
	討論・インタビュー	声で表現すること（朗読）	
		聞き書き	
卒業レポート	意見文　小論文	生活文、随筆、空想文	
個人文集	創作　新聞・通信	意見文	
	読書生活をつくる		
	図書館について知る		

図　言語活動面の３年間の見通し

この実践の対象は、造船科年（男子36名）、インテリア科（男子14名　女子24名）、情報技術科（男子35名　女子5名）の3学年3クラスであった。

　この工業高校での国語の単位数は、必修・準必修の国語Ⅰ国語Ⅱを3年間で8単位、年間時間は1年生で約90時間、2年生で約60時間、3年生で約70時間。各科1クラス、入れ替えなしに3年間持ち上がりであった。

　その3年間の大まかな目標と学習の流れ。

◇楽しみつつ、自ら学ぶ力の基礎力をつける（1年生）

◇比較し、関連づけ、思考を深める（2年生）

◇自立のための仕上げの学習に挑む（3年生）

　3学年の〈自立のための仕上げの学習〉は、グループでおこなうトータルな学習としての〈自分たちで行う授業〉と、自分1人でやりぬく学習としての〈卒業論文〉とで構成された。

　単元〈自分たちで行う授業〉では次の4教材が使われた。

「現在進行形の夢」黒井千次（随筆）　　教科書教材

「我が青年論」高橋和巳（評論）　　　　自主教材

「山月記」中島敦（小説）　　　　　　　教科書教材

「あのときかもしれない」長田弘（詩）　自主教材

「あのときかもしれない」は自分自身の「あのときかもしれない」を書く。大人への「変わり目」探しであった。「現在進行形の夢」でモデル学習をし、「我が青年論」で実際に生徒が授業をした。

　学習は、①基礎作業としてのテキスト読み、②授業のための資料づくり、③生徒に手渡した〈授業という表舞台〉、④担当班の授業についての反省会、の順序で進められた。

　①は、テキストを3つの観点からカードに記入する。

- キーワード、キーセンテンスを抜き出し、意味を解釈する。
- 論の展開を構造図にまとめる。
- 文体・表現の特徴と、論の展開の関係を調べる。

　②片桐は、授業のための資料づくりについて次のように書いている。

　各班はカードをそれぞれキーワード担当班、構造図担当班、文体担当班に提出する。ここから担当班とそれ以外の班との作業が分かれる。担当班は、まず各班のカードから。"他者の読みを読み取る"という作業をする。そして、自分たちの読みとつきあわせ、クラス全体に返す授業資料をつくる。担当班がこの作業をやっている間（4～5時間）、他の班は「青春を考える本」というテーマで自分で本を探して読み、その本の紹介カードを書く。この間の作業は図書館で行う。

　この資料づくりまでにこの単元の成否の80％がかかっている。教師は授業中はもちろん、放課後も担当班につきあって、段階に応じてヒントや助言を与えながら見守っていく。この段階までに、担当班の一人一人がしっかりと意見を出しながら読み込んでいること、十分に考えを練って資料がつくられていること、資料づくりの段階では、授業（説明・討議）の展開が見通されていることが重要であり、教師はこの準備段階の指導に全力を注いで黒子になりきり、「授業」という表舞台を完全に生徒に手渡すのである。

　片桐は、この単元の学習指導をしていたある日、「話のタネのノート」（雑記帳）にR・Kさんが、次のように書いてきたことを記している。

　　今日の6時間目の授業を受けて、どうしても書きたくなったので今書いています。
　　「我が青年論」の学習をして、私は積極的に授業には参加していなかった。しかし、意味なんとなくわかったかな、というところでの感想です。（本当はよくつかめていないのかもしれないけど）
　　片桐先生が言った「自分がいやでいやでしかたなくなる。なぜ自分はこうなんだろう、と思う時期があった。でも、それを裏返してみれば、それは自尊心なんだ……云々」それを聞いてはっとした。自分が今、そのまっただ中だから。
　　自尊心かどうかはわからないけど、今、自分がすごくいやな奴でしょ

うがない。あの一言、この一言、あの態度、この行動、みんなみんな大っ嫌いです。どうしたらいいのかわからない。(後略)

　この後、R・Kさんは「我が青春論」の１節を一語一語たどりながら、自分自身の自己確立に何が必要なのかを懸命に考え、綴った。自分が書いた文章にさらにアンダーラインを引き、囲みをつけ、まさにことばを通して自己と格闘していったのである。

　片桐は、「この時、ことばの学習は、生きる課題と結びついているのである。そして、学習の方法として体験してきた言語活動は、自己の問題と向き合い、解決していくためのものとなっていく。」と述べている。

　片桐によれば、単元全体のまとめでR・Nさんは次のように書いた。

　あまり青年期という言葉はピンとこないのですが、私が一番うれしかったのは、この教材を通して、考えるということ、協力の大切さを知ったことです。はっきりいって、この教材はきつかった。自分たちの班の人だけがたより、それに私は班長ということで、毎回真剣だった。班のみんなと考えていく。

　意見をボツボツいって考えていく。話し合いで手を挙げて発表する。今までは先生の話を聞いて、「へえ、ああ、そうか」のくり返しだった。しかし、今回は苦しかった分、大きく頭や胸に残っている。…………

　今からとても大変なことがたくさんある。論文や、もっと大きなものや。でも、大変だからこそぶつかっていきたい。負けても、また戦っていきたい。今までの私だったら、「やだ、きつい」と一言だったと思うが、この学習をして、少しだけぶつかる勇気がもてたような気がする。

　どんどん戦って、女子と子がつくのではなく、女の人と、人として自分の考えをしっかり持って卒業したいと思います。

　授業時間は、「現在進行形の夢」に10時間、「我が青春論」に11時間が当てられた。

　「自己探究」の協働学習では、見つめている問題の深さに直面し、興奮したり当惑したりする「とき」が生じる。その「とき」に堪えて学習指導を続けていくと、生徒たちは爽快なカタルシスを経験し、人生や社会に対する新しい発見をして次の高みへと踏み出していく。

　探究学習指導では、一般に①問題設定（学習者と教師による共同設定、②探究の計画づくり、③調べ活動、④報告（レポートづくり）・発表会、⑤作品提出（評価）の過程が踏まれる。多くの実践を経て、このような型が生まれた。

三　小森陽一の「吾輩は猫である」の授業

　「探究」の一連の学習指導の流れを踏まえることは有効であるが、時には教師からの問い掛けによって問題を見つけ出すこともあり、状況によってはその一過程だけを学習することも可能である。

　問い掛けは、教師の「問い」に基づいて考えさせ、自分たちの問題を発見させる指導である。昔からの寺院における宗教問答であり、藩校や私塾でおこなわれていた問答である。正解を導くのではなく世界の不思議を感受させ気づかせる教育である。そこから「なぜ・whyとより深く問う心」が生まれる。教育界では問答法と言われてきた。

　小森陽一は、1990年12月5日、成城学園初等学校四年の教室で「ことばの不思議」への道をひらく授業をした。この一時間の授業の単元名が何であったかつまびらかではない。（小森陽一著『小森陽一、日本語に出会う』大修館書店、2000年）

　ここでは仮りに「単元　ことばと出会う」としよう。

　授業は、K（小森）の問いをS（生徒31名）が考えるという、いわゆる「問答」によって流れるように進んでいるので画然とは区切れないが、5つのパラグラフに分け、各パラグラフを抄録しつつ考察する。

　1　自己紹介の一文を書く　Kは自己紹介をせずに、まず児童に「一文だ

よ。マル付けたら終わりだよ。」と、一文自己紹介を求め、前の児童から順に発表してもらった。

  S 僕の名前はウダガワユウジですマル。

  S 私の名前はイシヅカユキですマル。

  S 僕はシバタトモクニという名前です。

  S 先生こんにちは、私の名はフジタマユです。

  S 僕の名前はハチノヘカズオです。

  S 僕はヤギノリフミで、得意なゲームはアクション・ゲームです。

2　私の自己紹介「小森陽一です。」をすぐ信じますか

 Kは、僕がはじめてきたと思ってみんな嘘ついてるでしょう、と意表を突く問いを発した。

  S エー？

  K 本当に君はウダガワ君？

  S そうですよ。

  K ウソー！

  S 身分証明書みせてやれよ。

 児童は身分証明を取りに行こうと腰を浮かす。事実を述べた自分の名前を信じてもらえなくて狼狽し、不安になった。名前を使えない不安を感受し、身体で言葉の不思議に出会ったのである。Kは児童の不安を「あせっちゃったよねえ。泣かなくていいよ。……」とやさしく癒し、次の問いに移った。

  K 今日、私は、はじめて会いました。わたしがもし「私は小森陽一です」って言って皆さんはすぐ信じますか？

  S 信じる！

  S 信じませーん！

  K ここが不思議です。信じると言った人と信じないと言った人と……。

  S コーモリだから……。

  K つまり、つまり、私のことを知らないみんなが「私が小森陽一だ」

と言っても、「違う」と言うことができるんだ。ウソついてるかもしれないものね。これがみなさんの持っている名前の、とっても不思議なところです（同前書　158〜159頁）

3　「吾輩は猫である」を言い換える

　児童が夏目漱石の名前を知っていることを確認した後でKは「吾輩は猫である　夏目漱石」と板書する。

　K（小森）は、作品の最初の文が「吾輩は猫である。」ことを紹介して、皆さんが先ほど書いたこと（自己紹介）と同じことをしており、「我輩」は「偉いみたい」な言い方であることに気づかせ、「皆さんだったら、同じことをどう言い換えるか書いてみてください。」と呼びかけ、生徒の言い換えを板書していった。

　「あたしゃ猫だ」、

　「おいらは猫だ」、

　「ミーは猫である」、

　「わらわは猫じゃ」など。

　「せっしゃはネコでござる。」

　「オレは、ネコ様だ」

　「ワタシはネコ」

4　英語では一人称名詞が一つ（アイ）であり、日本語では多い。

　Kは、夏目漱石が英語の先生であったことを知らせて、「みんなが言ったことは英語で言うと何ていうかな。」と問う。

　S　ハー？

　S　キャット

　S　「アイ　アム　ア　キャット」

　日本語ではどんな風に「自分をあらわす言葉を選ぶか」によって「年を取っているとか女の子だとか、男の子だとか」人物の顔が見えてくることに気づかせた。

5 三十一匹の猫たち

K　じゃあ、みなさんに、これから、懐かしいノンタンの…………。［プリント配布］このプリントの中に自分の好きなネコさんの絵を描き、次に吹き出しに書いたことばに一番似合った顔を描き込んでください。

　そうして、各自が最初に書いた絵と、吹き出しに基づいて描いた絵とを比べさせた。

アタシャねこだ。

おうおう、オレはよー
ネコだぜよ⁉
文くあっか⁉

オイドンは、
ネコでごわす。

私は、ネコです。

オレはねこだ‼

ボクは猫です。

三十一匹の猫たち

S　全然違う！

K　全然違いますねえ。どうしてそうなっちゃったんだろうか。ねえ。それは、ことばが二度目に描いた猫さんのイメージをつくっているんだよね。

S　そう、そう。

K　英語の「アイ　アム　ア　キャット」だったら、みんな同じ顔になるはずです。日本語の場合だったら色々な顔が出てきます。話をしている〈私〉と、お話の中に出てきている〈おれ〉とか〈ぼく〉とかは、違う、別の猫さんだということが、みなさんの今日かいてくれた絵からはわかってきます。（同前書　167頁）

　K（小森）は、「私は名前を持っている」という場合、「私」は文の主語であると同時に、その文を発話する当の発話主体をも指している二重性に気づかせようとしたのである。

　Kの結びの説明は、児童にすぐには分かりにくかったようであるが、作者とお話（虚構作品・想像・イメージ）の語り手とは違う、ということは感受したようである。その証拠は「三十一匹の猫たち」に現れていた。

　各学年の「学習開き」にこのような教師による問い掛けによって「世界の不思議」・「ことばの不思議」に気づかせ、「なぜ、WHYと問う心」に道をひらきたい。

監修者　浜本　純逸

目　次

ことばの授業づくりハンドブック

探究学習

──授業実践史をふまえて──

探究学習とは何か
―ことばの教育の視座から―

幸田　国広

1　「探究」への着目

　人工知能の発達、情報化のさらなる進展、少子化等を見据え、これからの日本の教育は変化の激しい社会を生き抜くことのできる「資質・能力」の育成を旗印に掲げた。もとより、教育改革の要は授業改善にある。2000年代以降明確になった、知識や基礎的な技能の確実な「習得」とそれらの「活用」による「思考力・判断力・表現力等」の育成、そして各教科等の学びを統合した「探究」の学びへという学習プロセス深化の方向性は、2017・18年の学習指導要領改訂によって一層明確になったと言っていいだろう。学習プロセスの各段階では、ことばの学びが探究的な学習を質的に深めていくためのキーになる。「言語活動の充実」が各教科等の合い言葉になってから十余年が過ぎた今、いよいよ探究的な学習をいかに実現していくかに照準が向けられたのである。

　だが、やはり現状では理念先行の感は否めず、質の高い実践の裾野が拡がっているとは言い難い。特に、課題発見・解決のプロセスを意識化して、容易には答えの出ない「問い」に向けて主体的な学びを組織し、学習者の「思考力・判断力・表現力等」の伸長を図ろうとする探究的な学習のデザインと具体化は依然として大きな課題となっている。

　探究的な学習の必要性は、特に2000年代以降の「総合的な学習の時間」以来、繰り返し叫ばれ、この間の様々な実践の蓄積によって、一定の成果やさらなる課題も見えてきたところである。特に、義務教育段階では、全国学力・学習状況調査の正答率が高い児童・生徒ほど、「総合的な学習の時間」における探究プロセスを意識した学習活動に取り組んでいるという実態や、「総

合的な学習の時間」の地道な取り組みがOECDの学習到達度調査（PISA）の好結果につながった等という成果に結実した[1]。導入当初は、ゆとり教育路線に対する学力低下批判も重なって懐疑的だった保護者の理解も今では進み、地域社会と連携しながら工夫を重ねてきた小学校・中学校現場の努力が実を結びつつある[2]。

　一方、高等学校でも「堀川の奇跡」に代表されるような、学校づくりと探究的な学習を関連付けた取り組みは見られるものの、その広がりという点では未だ局所的で、義務教育の成果を受け止め発展させる高等学校らしい取り組みが十分に展開されているとは言い難い。現在、高校学校の授業改善こそが日本の教育改革における焦点となっている。その高等学校では、こうした課題をふまえ、また改訂の趣旨にも鑑み、「総合的な探究の時間」が設置されることになった。各教科等の「見方・考え方」を受け、個別の学びを関連付け、統合し、深めていく場として、期待感とともに「総合的な学習の時間」がリニューアルされる。さらには、各教科においても次のような探究科目が新設される。

古典探究	（国語科）	理数探究基礎	（理数科）
地理探究	（地歴科）	理数探究	（理数科）
日本史探究	（地歴科）		
世界史探究	（地歴科）	総合的な探究の時間	

　「総合的な探究の時間」は、実社会・実生活から見いだした課題を探究することを通じて、自分のキャリア形成と関連付けながら、探究する能力を育む時間として、その役割が明確にされた。高等学校こそ、実社会との接点は強くなり、学校で学んだことと社会で必要とされる能力を強く意識されてしかるべきであるが、これまでは、大学入試をはじめとした進学指導とそのための各教科の指導を意識するあまり、「総合的な学習の時間」が全校を挙げての積極的な取り組みとはならず、実質的には学校行事の準備や進路指導等に充てられ、本来目指した教科横断的な学習や課題発見・解決能力の育成ま

でに至っていない問題が指摘されてきた[3]。

　国語科においても、言語活動を通した活用レベルの「思考力・判断力・表現力等」の育成に向け、習得させるべき「知識及び技能」の明確化と系統化、学習過程に即した資質・能力の精緻化等によって、探究的な学習を一層重視している。「予測困難な社会」に立ち向かわなければならない子どもたちにとっては、従来の知識の詰め込み教育だけでは不十分であり、創造的な働き方や生き方を可能にする教育への転換がこれからはますます重要になるという認識は、今や各方面から求められている方向性でもある。

　本章では、まず、探究的な学習が教育政策の中で前景化してくる過程を辿り、その今日的な意義を確認する。そして、探究的な学習とは何かを歴史的な視点から探り、日本の教育史の一水脈をことばの教育の視座から意味付けてみたい。歴史の窓をくぐり抜けたとき、探究的な学習の像はどのような輪郭を見せるのだろうか。

2　「教えること」から「学ぶこと」へ —近年の教育政策を振り返る—

　今日言われる授業改善の意味を一口で言うならば、「教えること」から「学ぶ」ことへの相対的な比重の移動、ということになろう。近年、アクティブラーニングが流行語のようにもてはやされ、用語だけが一人歩きし、型どおりの学習活動と拍手だけの評価、後に残るのは付箋の山、といった揶揄も聞かれたが、「主体的・対話的で、深い学び」という、不断の授業改善の視点として定位されたことによって、「教えること」と「学ぶこと」とが非対称であること、「いかに学ぶか」がこれからの教育にとって重要であるというスタート地点に立つことができたと言っていいだろう。教師がいかに効率よく教えるか、いかにわかりやすく教えるかではなく、学習者の学びの質にようやく日本の教育全体の目が向き始めたのである。

　「教えること」から「学ぶこと」への重点の移動は、どのようになされたのか。この間の経緯を振り返ってみよう。

　そもそも2012（平成24）年の中央教育審議会答申「新たな未来を築くための大学教育の質的転換に向けて」（用語集）で、大学の教育を、講義偏重か

ら学生の主体的で協働同的な学修へと転換する意図をもって提起された。

　　教員による一方的な講義形式とは異なり、学修者の能動的な学修への参加を取り入れた教授・学習法の総称。学修者が能動的に学修することによって、認知的、倫理的、社会的能力、教養、知識、経験を含めた汎用的能力の育成を図る。発見学習、問題解決学習、体験学習、調査学習等が含まれるが、教室内でのグループ・ディスカッション、ディベート、グループ・ワーク等も有効なアクティブ・ラーニングの方法である。

　このように定義されたアクティブ・ラーニングは、その後、2014（平成26）年の文部科学大臣の中教審への諮問文「初等・中等教育における教育課程の基準等の在り方について」で、初等・中等教育の課題として位置づけられたことによって、瞬く間に日本の教育界のキーワードに躍り出ることとなった。こうして、「何を教えるか」から「どのように学ぶか」、そして「何が身に付いたか」が小・中学校、高等学校そして大学まで、一貫して問われることになったのだ。
　「何を教えるか」から、「何をどのように学ぶのか」への比重の移動は、2015（平成27）年の「論点整理」を経て、2016（平成28）年の中教審答申に結実する。「問題の発見と解決を念頭に置いた深い学び」（論点整理）が目指され、学習活動の「型」や外形的側面にばかり関心が寄せられている実態をふまえて、学びの質を高め、深めることにねらいがあり、アクティブ・ラーニングを行うこと自体が目的ではないことが確認された。そして、この間重ねられた検討は、「主体的・対話的で深い学び」という授業改善の視点として位置付けられたのである[4]。
　「社会に開かれた教育課程」を謳い、「主体的・対話的で深い学び」の実現を目指す2017・18改訂は、「知識及び技能」と「思考力・判断力・表現力等」を柱として、各教科の「見方・考え方」によって、資質・能力の確実な育成を目指している。
　だが、こうした教育の方向性は、突然現れたわけではなく、1990年代後半

にはじまる総合学習をめぐる議論、学力低下論との併走状況、逆風の中を走り続けてきた20余年の蓄積をふまえたものである。2003（平成15）年PISAショック以降、「言語活動の充実」が合い言葉となり、活用力の育成が課題視され、「習得・活用・探究」の三層構造を意識した学習プロセスが志向された。その後、2008・2009改訂時の「総合的な学習の時間」における「探究的な学習」に関しては、日常生活や社会生活に目を向け、「課題の設定」「情報の収集」「整理・分析」「まとめ・表現」という学習プロセスを取ることが明記されるようになる。今日の探究的な学習の前景化は、こうした流れを受けたものである。

　探究的な学習、探究学習、探究型学習等と呼称は様々だが、いずれの場合でも児童・生徒が課題解決のためや物事の本質を明らかにするために展開する能動的な学習のことを指している。

　言うまでもなく、こうした学習を遂行しようとするとき、ことばの力が成否を分ける鍵を握ることになる。言語活動を活性化させ、言語能力を基軸に論理的思考力等の汎用的な能力を育成するためには、言葉の働きは極めて重要だからだ。そして、こうした資質・能力を育成することが「予測困難な社会」を迎えるこれからの時代には不可欠であり、「教えること」から「学ぶこと」への重点の移動は、もはや後戻りできない地点にまできている。

　そして、言語活動が各教科で標準装備となるならば、ことばの教育を本旨とする国語科の役割はますます重要になる。言語の機能こそが「思考力・判断力・表現力等」の核となるからだ。教科としての国語はその中核を担うセンターとして、カリキュラム・マネジメントの側面からも枢要に位置づけられなければならない。

　だが実は「教えること」から「学ぶこと」への相対的な重点の移動は、日本の近代教育史を貫く課題として、先人が血肉を注いできたものでもある。上に述べた「総合的な学習」の十数年間はもちろんのこと、戦後の国語単元学習や各教科の学習の一部でもすでに試みられてきている。さらに遡れば、明治後期の統合主義教授法や大正期の合科学習、昭和前期の調べる綴り方等、歴史的な教育遺産の中にも、探究的な学習の片鱗を認めることができる。い

わば「教育とは何か」という問いとともに併走してきた、本質的課題なのである。

　そこで、次節では過去の貴重な教育遺産の中から、子どもの生活を基に深い学びを発想しようとした教育思潮・実践を取り上げ、その確かな水脈の存在を辿ってみたい。

3　ことばの教育の歴史から見た探究学習の系譜
1）「学習」の発見 ―木下竹次の『学習原論』―

　「教えること」から「学ぶこと」への志向は、近代日本の公教育が制度のインフラを粗方整え、各教科目の枠組を固めた頃からすでに始まっている。明治の末期にかけて、系統化された教科毎の知識をいかに効率よく教授するかを教育課程と教授法を欧州から学び摂取しながら、ようやく一斉教授により教科内容を教える形を整えた頃、その教科という枠組や一斉教授という方法の問題点もまた指摘され始めていたのである。言い換えれば、背景となる学問をベースとした教科による系統性に視点を置くのではなく、日常生活・社会生活の実態と子どもの興味・関心から学習をいかに組織するかに力点を置いた教育の仕組みが模索されていたといっていいだろう。その端的な例は、奈良女子高等師範学校付属小学校の木下竹次『学習原論』に見られる。

　木下は、明治末期から大正期にかけて、合科学習を打ち出し、教師の一斉教授による他律的な教育から学習者自身の自律的学習への転換を説いた。

　　　教師が自ら教授材料を選定し、教授の目的方針を定め、詳細な教授経路を予想した教授案をもって、児童に臨み、教師先ず教授し、教師から規範を与え、教師が真偽・善悪・美醜を判断して、其の結果を児童生徒に承認させていく。教師は自己の意志を以て児童生徒を支配し、児童生徒に対してはいっこうに教師の意志に忠順であることを要求している。（中略）教師はなにゆえに教師の意志に忠順であるよりも、児童自身の良心に忠順であることを要求しないのであろうか[5]。

　竹下がこうした教育観を芽生えさせ、実践を重ね、理論化に邁進していた時期は、まさに大正自由教育運動の高揚期にあたり、例えば、成城小学校の創設、雑誌『赤い鳥』の創刊、八大教育主張が唱えられていた[6]。自律的学習を掲げ、「特設学習時間」や「合科学習」といった新しい試みを打ち出した木下は「学習研究会」を組織して、奈良女子高師附小の取り組みに共感を寄せる全国の実践家との間にネットワークを築いていく[7]。その機関誌が「学習研究」であり、そこに連載したものをもとに、後にまとめ直したのが、教育名著の誉れ高い『学習原論』である。まさに、奈良女子高師附小は大正教育運動の拠点となった。

　木下は、子どもを学習の主人公として捉え、自律的な学習をいかに成立させるかにこそ教師は腐心し、そこに指導力を発揮すべきだと説く。そのために、〈独自学習→相互学習→独自学習〉というサイクルを踏まえ、主体的・協働的な学習を基調とした個別学習・分団学習に着目する。複数の教科目を統合した合科学習も、子どもの生活への興味・関心から学ぶ対象と内容を子ども自身が見いだすことを原理として、発達段階も考慮しながら、大合科学習、中合科学習、小合科学習といったように、合科のサイズも生活の単位としての多様性を視野に入れて考えられたものだった。合科学習の発想自体は、既に明治後期に樋口勘次郎の統合主義新教授法や棚橋源太郎の実科教授法等に見られるが、教科というディシプリンの構築と同時に、それらの統合や越境が考えられたのは、学ぶ対象や内容をどう捉えるかという点においてそれらはコインの裏表にあたるからである。

２）山路兵一の「遊び」への着目

　木下とともに奈良女高師附小で教鞭をとっていた山路兵一は、合科学習の際に、子どもの生活、とりわけ「遊び」に着目する。子どもの「箱庭づくり」の過程を観察し、子どもの興味・関心から始め、相互批評を経て、再構築・再発見に至るプロセスに学習の意義を見いだしている。山路は学習を、「遊び」から「仕事」への発展過程として考えたのである。

　奈良女高師附小における合科学習の指導経験は、山路に教科学習の在り方

についても新しい認識をもたらしている。山路は「分科としての国語学習指導」に関しても、教師はファシリテーターとしての役割を担い、子どもを学習の主人公に置き、「こうして、書いたもの、読んだものは、教師が紹介がかりを承って、皆の前に紹介してや」ることで、学習の組織が可能になると述べている。

　　自分のしたことを発表した、人から批評をうけた、人の発表するのを聴いた、見た。こうして、子どもたちは眼を開かれて、自分のをよくしようとし、自分のしたいと思うことの範囲をだんだん拡張して行きます。本も読むようになれば、綴方も書くようになります。進んで発表する気にもなり、発表の方法も会得するようになります。おなじ、読むものでも、書くものでも、その題材の範囲が拡がると同時に、その内容も充実してきます[8]。

　合科指導の経験は、山路をして教科の学習指導にも主体的・協働的な学習の方法を見いださせることとなった。こうした国語科指導の原理から見たとき、当時広汎に行われていた、読本にでてくる言葉の学習をその順序通りに教えることの無意味さや不合理さが浮かび上がる、と山路は考えていた。

３）調べる綴方・集団制作

　大正期に花開いた綴方教育は、『赤い鳥』の創刊と爆発的な流行を受け、文芸性と童心主義を纏いながら、ことばの教育における一大領野を築くこととなる。しかし、昭和初年代になると、綴方教育があまりに感性や童心に寄りすぎ、子どもの生活認識という点で偏りや深まりに欠けることを感じていた教師達から、「調べる綴方」や綴方の集団制作が提起されるようになる。

　滑川道夫の実践による「通行するものの研究」は、その嚆矢となるものである。秋田師範附小の児童の「一時間内に、新屋へ帰る者が六十七人。秋田へ帰る者が十九人である。何故新屋へ多く帰るのでせうか。又何故、新屋へ帰る人々は早く歩くのでせうか。」という「問い」に始まり、現地での実態

調査を踏まえ、帰納的な推論を働かせた綴方を書かせている。後年、滑川は次のようにこの実践を振り返っている。

　　昭和五年の十月下旬、「考現学」modernologie（今和次郎・吉田謙吉）にヒントを得て、課題作「歩く人の研究」の事前指導を行った。事前指導といっても、調査のしかた、統計のとりかた、観察したこと、気がついたこと、わかったこと、面白いと思ったことなどをノートに記録して材料にすることなどであった[9]。

　また当時滑川は、「綴方は主観の掃き溜めではない。これまでの綴方はロマネスクを強調しすぎた。それは余りにも観念的であり、個人主義的であり得た。少なくとも児童の科学性を嚙殺してしまったといへる」との問題意識を語っている[10]。同時期、こうした問題意識からの実践は、他にも見られる。
　例えば、峰地光重の実践による「運動会にころんだものの調査」がある。峰地は綴方において重要なのは、「個性よりも真」であるとし、共同制作による調査・研究を打ち出す。３名の児童グループであたった調査結果に基づき、「男子は何故たくさんころんだか」「角でなぜよくころげたか」「スタートと校長席のところでころんだわけ」等が考察された綴方が発表され相互批評が展開される[11]。
　また、村山俊太郎の実践による「天神様のお祭り」もその１つである。児童が天神様の祭りの実際をくまなく調べ、天神様がそもそも何を祀っているのか、祭りの前の準備や当日の模擬店の種類や数、児童等の買い物の実態等が詳細に調べられている。村山は、「科学的生活の認識といふ立場から見ても、集団の思想感情を表現させるという立場から見ても、共同作業として、共通の目的のもとに、主題を選び協力的方法によつて組織的に作品を製作するといふ態度は重要な任務を持つています。個人の力では到底やり得ない効果をたしかにもつています。」と述べている[12]。
　このように、当時の新傾向の綴方は多くの場合、共同製作としての性格を持ち、調査・研究による科学的認識の表現として相互検討の対象に位置付け

ることで子どもの現実認識を深めさせようとした。こうした実践的提起は、それまでの個性主義的・文芸主義的な綴方教育へのカウンターという意味を持っていた。子どもが生活の中から問題を発見し、主体的に調べ、協働的に学び合うことで、わかったこと・考えたことを綴る。こうした学習プロセスは、まさに「課題の設定」「情報の収集」「整理・分析」「まとめ・発表」という「探究的な学習」の過程と重なっている。さらに、集団における検討過程については「個人的主観質問批評の或ものは解決され、或ものは取捨されて該集団の質問、批評にまで揚棄される」と、個別学習とグループ学習との相互展開の意義も認められている[13]。

　鈴木三重吉は文芸主義の立場から、こうした新傾向の綴方を批判し、生活に必要な文章表現の無用論を展開したが、その後、ことばの教育の灯りは子どもの生活現実を見つめる眼をいかに養うかという生活綴方教育を照らしていく。主に東北の寒村で必要とされ、その実践的価値が認められ全国に拡大したが、大東亜建設の夢へと邁進し始めていた日本社会では、生活綴方は時代に反逆する異分子と規定され、弾圧されていくのだった。

４）戦後新教育

　再び生活綴方が復興するのは、戦後になってからである。占領軍は反面、解放軍でもあった。新教育の方向性は、まさに子どもがいかに学ぶか、「為すことによって学ぶ」という経験主義教育思潮を基盤としたものであった。戦前・戦中の教育を反省し、民主主義の国家建設という大きな理念の下に、コアカリキュラムや単元学習が模索されていった。

　東京第三師範附属小学校、奈良師範女子部附属小学校、北条小学校、西多摩小学校等、多くの学校で各校独自のプラン作成が行われた。教科の枠組ではなく、生活経験に基づく単位としての中心学習、単元づくりが目指され、多くの場合、国語科に関してはすべての学習の基礎となる用具としての言語を教える周辺学習として位置づけられていった。しかし、こうしたコアカリキュラム運動は、焼け野原の、教育施設や設備が不十分な条件下で実践を進めなければならず、十分な成果を上げる前に学力低下批判の大合唱の中、下

火になっていったが、その一方で、教科の中での単元学習が追求されていった。

　小学校教師の青木幹勇は、理科の教科書から着想を得て、低学年の国語科を「ものをよく観ること、観たことを書くこと、描くことといった総合的な学習であるようにさせる」として、教科間の連携の視点から国語の単元を模索した[14]。

　新制中学校の大村はまは、何もない瓦礫の中の教室で、学習者一人ひとりに寄り添った単元学習を創始していった。学習の目標や方法、教材等が学習者の現実に即したものなのかどうか、ぜひとも学びたいという切実な場をいかに作るかが国語単元学習の出発となることを身を以て示した[15]。

　こうした時代の文脈の中で、生活綴方教育も復活の狼煙を上げる。峰地は、「生活」という概念を、人間が環境と交渉する具体的な姿と捉え、身近な自然や社会の現実に子どもの目を向けさせ、子どもが観察したこと、調べたこと、考えたことを文章に表現して、認識を深めさせようとした[16]。

　戦後初期の日本の教育は、新しい時代と社会を一から創り上げるという理想に燃えていた。その理想の中で、「いかに子どもが学ぶか」に軸足を置いた教育が、確かに追求されていたのである。

５）「総合的な学習の時間」

　ところが、その後、廃墟からの復興を遂げ高度経済成長を突き進むことになる頃から、教育の方向性は、再び「いかに効率よく教えるか」に回帰していく。一斉指導による知識の獲得と理解に教室の風景は固定化され、高校進学率や大学進学率の上昇とともに、教育の中味も入試のための準備に傾いていく。

　この流れは、バブル経済の崩壊とともに見直しが始まり、「失われた10年」と呼ばれる1990年代になって、再び「いかに子どもが学ぶか」に照明が当たり始めるまで継続することとなる。教科毎の系統化された知識の理解・暗記だけでは、これからの時代に太刀打ちできないだろうという予測は、教科横断の問題発見・解決型の学習に打開の方途を見いだすのである。「総合的な

学習の時間」新設を巡る議論は、古くて新しい教育課題であった。

　この時期、義務教育段階では、国語科と総合的な学習との関係、すなわち国語科の学習を基盤とした総合的な時間への発展も模索され、一定の成果が見られるようになっていく。教科書の説明文の読解学習をもとに、総合的な学習の時間で関連する課題づくりに発展させる事例や、国語科での言語能力の獲得を方法知として位置付け、総合的な学習の時間における目的を達成するための手段として機能させていく事例等、ことばの教育の視座から探究的な学びをどのように成立させるかを考えるために示唆に富む実践事例が現れてくるのである[17]。

　しかし、高等学校では、先述の通り、進路・進学対策や学校行事の準備に充てられることも多く、また各教科の専門性の高さや相互流通性の薄さから、これまで本来の趣旨を具現化したような実践は現れにくかった。しかし、近年では京都府堀川高等学校の探究科の取り組みや関西学院大学附属中学・高等学校の読書科の取り組みなど、成果と魅力が目に見える事例が表れ始めている[18]。

　とりわけ堀川高等学校は、京都市の教育改革パイロット校として位置付けられ、新しい学校づくりの一環として、普通科における専門学科として探究科を設置して特色を打ち出すことに成功した。「次世代のリーダー」育成を目指し、「大学受験に必要が学力」と「大学入学後の能力」と、あえて「二兎を追う」ことを目指し、成功させたところに社会の注目が集まった[19]。

　こうした先進的な実践事例を先導に、2010年代にはようやく全国的に好事例が見られるようになっていく。ここでは、探究的な学習が「総合的な学習の時間」を軸に展開し、各教科の授業改善にも影響を与えていること、カリキュラムマネージメントが回っていること等が指摘されている。

4　探究学習に必要な要件

1）学習プロセスをどう捉えるか

　探究的な学習が成立するためには何が必要になるのだろうか。学習プロセスが重要なことは、有名なデューイ（John Dewey）の5段階―「不確定状況

との遭遇」「問題の設定」「仮説の形成」「帰結の演繹」「仮説の検証」──からも確認できよう[20]。経験を再構成し学びへと深めていくための、学習者の「反省的思考」がこうしたプロセス自体を必要とする。

　現在、「総合的な学習の時間」における探究のプロセスは、「課題の設定」→「情報の収集」→「整理・分析」→「まとめ・表現」という4段階に整理されている。こうしたプロセスそのものは、「探究」という用語を持たなかった時代の優れた実践にも見られるものだった。既に答えのわかっている問いについて教師が誘導しながらゴールに至るのではなく、学習者自身が「問い」を立て、材料を探し、整理・検討する中で至った答えを発表・表現する、という道筋は、木下竹次の言葉で言えば「自律的な学習」であり、調べる綴方における集団制作の労作過程でもある。

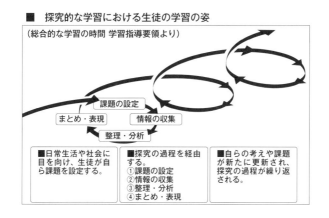

■　探究的な学習における生徒の学習の姿

（総合的な学習の時間 学習指導要領より）

課題の設定
まとめ・表現　　情報の収集
整理・分析

■日常生活や社会に目を向け、生徒が自ら課題を設定する。

■探究の過程を経由する。
①課題の設定
②情報の収集
③整理・分析
④まとめ・表現

■自らの考えや課題が新たに更新され、探究の過程が繰り返される。

　留意すべきは、こうした学習のプロセスは可逆性を持つという点である。言い換えれば、探究のプロセスの要諦は、一方向の一回性ではなく、「行きつ戻りつ」しながらこれらが繰り返されることにある。『高等学校学習指導要領（平成30年告示）解説　総合的な探究の時間編』にも、上のような図が示されている。「習得・活用・探究」も、一方向ではなく、活用の中で習得が促進されたり、探究の過程で活用力が鍛えられたりするのである。

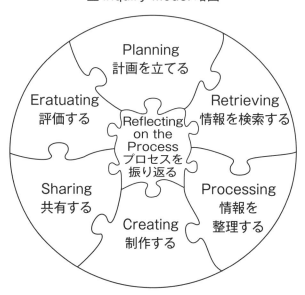

■Inquiry Model 略図

このように「行きつ戻りつ」が、探究的な学習には重要であることは、カナダ・アルバータ州の指導書「Focus on Inquiry」からもわかる[21]。上図の「探究モデル」（Inquiry Model）は、中心のピースが６つのプロセス—「計画を立てる」「情報を検索する」「情報を整理する」「制作する」「共有する」「評価する」—すべてに関わる形で配置され、循環的にそれぞれのピースが前後のピースと絡み合うように表現されている。プロセスを線条性で捉えるよりも、この方が相互交渉と可逆性をイメージしやすい。とりわけ、中心に置かれた「プロセスを振り返る」は、探究的な学習の成否を分ける、学習者自身のメタ認知の重要性を示している。

　主体的に学ぶことを保障するのは、自己モニタリングである。学習に対するメタ認知が成否を分けるといっていいだろう。探究的な学習を一方向性のきまりきった展開と捉え、流れ作業のようにテンポよく進行させようとしたり、学習の振り返りを「まとめ・表現」が終わった段階だけで行わせようとしたりすると、探究は形骸化し、空疎な「なんちゃって探究学習」に陥るこ

とになる。とりわけ、課題設定の段階で、探究すべき価値ある「問い」が発見できるかどうかは、その後の学習すべてに影響を与える。だが、そうした「問い」は簡単には見つからない。「情報の収集」から「整理・分析」に進む段階でようやく「問い」が発見できるというようなことも少なくない。それは、そもそも学習者が適切な「問い」を立てるためには、その分野やテーマに関する一定の知識や見識が備わっている必要があるからである。何も知らない段階での「問い」と、必要な知識が備わり考えるための材料が整った段階で醸成される「問い」とでは、その後もしも同じようなプロセスを辿ったとしても、学びの質には雲泥の差がある。

２）各プロセスに働く論理的思考力

　このことは、探究的な学習のプロセスのすべてに思考が関わっており、深く考えるためにはやはり知識が重要であることを示している。そうであるからこそ、情報収集と課題設定とは密接に結びついており、幾度も往復する過程で、ようやく価値ある「問い」が発見できるのである。また、学習の振り返りも、すべてのプロセスが終わった時にだけ、形式的に行うものでもない。あらゆる段階で、探究過程の全体像の中のどこに位置しているのかを自覚しながら、このまま進むべきなのか、戻って再検討や作業のやり直しをすべきなのかをその都度判断することが重要となる。

　このとき働くのが、思考力である。特に論理的思考力は、探究を深めていくためには不可欠の能力であり、資質・能力を鍛えるのに探究的な学習が青写真として描かれるのも、そこに理由がある。

　今次の国語科改訂では、〔知識及び技能〕が特出しされ、小学校から高等学校まで系統付けられることとなった。その中の、「情報の扱い方に関する

■情報の扱い方に関する事項（情報と情報との関係）一覧

小学校			中学校			高等学校	
１、２年	３、４年	５、６年	１年	２年	３年	現代の国語	論理国語
共通 相違 事柄の順序	理由や事例 全体と中心	原因と結果	原因と結果 意見と根拠	意見と根拠 具体と抽象	具体と抽象	主張と論拠 個別と一般	主張と前提 反証

事項」は論理的思考の育成のためには極めて重要な思考スキルとなっている。

　こうした、情報と情報との関係についての知識を、話したり、書いたり、話し合ったりという具体的な言語活動の中で、実際に「言い換え」「関連付け」「説明」「一般化」「概念化」等を行うことによって、学習者の論理的思考は駆動し高まっていく。逆に言うと、こうした〔知識及び技能〕を明確にすることで言語活動の中で何を指導するのかがようやく明確になったのである。

　活動自体は手段であり、「活動あって学びなし」と言われるような表面的なアクティブラーニングが横行するのも、いつのまにか活動自体が自己目的化され、指導の焦点がぼやけてしまうためである。指導と評価の目印が明確になったことで、言語活動の場面で知識として習得すると同時に、活用することで深く身に付けることができる。これらの〔知識及び技能〕は、探究的な学習を推進するための重要アイテムなのである。

　探究的な学習のプロセスは、上記のようなプロセス、段階として進むのだが、一方で学習者の認知過程として思考の深まりをいかに伴わせるかがポイントになる。その際、具体的な思考スキルが「深まり」を担保することになる。そして、高次の思考が進展することによってメタ認知力も鍛えられていく。立ち止まり、点検、修正というコントロールこそ、学習者の自律的な学びを進める鍵となる。

３）価値や本質に迫る探究

　問題解決や、価値・本質に迫ろうとする探究学習において、ともすると教師のねらいや願望が前面に出すぎて、教師が期待する結論を学習者が読み取ってしまうことがある。

　例えば、高校国語科の「探究レポート」等と称する学習でよく見られるのが、教師が与えた複数の評論文等を読ませ、考えたことをレポートにまとめさせるような取り組みである。あるテーマについて複数の教材文を読ませたり、関連読書を進めたりという展開を辿るが、この場合も、注意が必要である。教師が選定した複数の文章を読ませる場合、「自由にテーマを設定して」「自分なりの観点で」等と指示しながらも、教材選択の時点において意図が

透けて見えていたり、ある意味づけが隠されていたりすることがある。結論ありきの探究もどきは、もはや探究的な学習ではないことは明らかである。

　今や探究学習は、あらゆる教科で求められている。「道徳」が特別の教科となり、これまでの「読む道徳」から、「考える道徳」への転換が課題となっている。副読本の読み物教材を読んで、人物の心情を理解することに重きが置かれていたこれまでの指導のあり方を、学習者が主体的に考え議論する学習へと転換しようとしているのである。

　次章以降では、探究テーマ毎に実践事例を取り上げながら、授業づくりのヒントが詳述される。これからの探究学習をどう作るか、過去の優れた実践事例から大いに学びたいものである。

　探究学習の成功はカリキュラムマネジメントの上にある。カリキュラムマネジメントの要となる国語科は、上記のようなプロセスとスキルを必須とする探究学習を推進する上で、極めて重要な役割を果たすはずである。言語活動と言語能力を差配する国語科は自教科のみならず、他教科等の探究的な学習でも、言語活動と言語能力がそのままプロセスとスキルに当てはまる。ことばの教育の重要性に鑑み、国語科を超える視点から各教科等の探究学習が実現可能となるように自覚することが第一歩であろう。

注

1 ）文部科学省『高等学校学習指導要領（平成30年告示）解説　総合的な探究の時間編』2018年。

2 ）文部科学省『高等学校学習指導要領（平成30年告示）解説　総合的な探究の時間編』2018年。

3 ）文部科学省『高等学校学習指導要領（平成30年告示）解説　総合的な探究の時間編』2018年。

4 ）中央教育審議会『幼稚園、小学校、中学校、高等学校及び特別支援学校の学習指導要領等の改善及び必要な方策等について（答申）（中教審第197号）』2016年。

5 ）木下竹次『学習原論』目黒書店、1923年。

6 ）中野光「〈解説〉木下竹次―彼の教育実践と学習理論」（梅根悟・勝田守一

監修、木下竹次著・中野光編『学習原論』明治図書出版、1972年）を参照。

7）稲垣忠彦「解説」

8）山路兵一「『遊びの善導』から『分科としての国語学習指導』まで」『学習研究』12号、1927年、但し引用は稲垣忠彦・吉村敏之編『日本の教師⑦授業をつくるⅢ　合科・総合学習』ぎょうせい、1993年、94頁。

9）滑川道夫「第七章　前期生活綴方教育の誕生」『日本作文綴方教育史（2）大正篇』国土社、1978年、440頁。

10）滑川道夫「綴方に於ける集団製作の理論と実際（一）」『綴方生活』第3巻6号、1931年、10頁。

11）峰地光重「綴方に於ける共同制作の経験」『綴方生活』第3巻7号、1931年、4-7頁。

12）村山俊太郎「天神様のお祭（尋六児童共同製作品）」『綴方生活』第3巻8号、1931年、27頁。

13）滑川道夫「綴方に於ける集団製作の理論と実際（三）」『綴方生活』第3巻9号、1931年、22頁。

14）青木幹勇「学習指導における連関・綜合・継続」『教育研究』第9巻9号、1954年。但し引用は、野地潤家編『国語教育史資料第一巻　理論・思潮・実践史』（東京法令、1981年、745-749頁）。

15）大村はま「単元学習への出発のために」『国語科中学教育技術』第4巻7号、1954年。但し引用は、野地潤家編『国語教育史資料第一巻　理論・思潮・実践史』（東京法令、1981年、772-777頁）。

16）峰地光重編『はらっぱ教室』百合出版、1955年。

17）高階怜治編『国語科から発展する総合的学習の学力』（明治図書、2001年）における、鯨井幹夫「つなごう　ボランティアハート―いつでもどこでも、だれにでも―の学びと実践」や勝見健史「『目的』達成のための『手段』として働く国語科の力」等参照。当時、これらの実践は「国語科から発展する総合的学習」として位置付けられていたが、今日では国語科における「主体的・対話的で、深い学び」の好例と言える。

18）その成果の一端は、田村学・廣瀬志保『「探究」を探究する　本気で取り組む高校の探究活動』（学事出版、2017年）に詳しくまとめられている。

19）荒瀬克己『奇跡と呼ばれた学校　国公立大合格者30倍のひみつ』朝日新書、2007年。

20）伊藤邦武『プラグマティズム入門』筑摩書房、2016年、105頁。

21）"Focus on Inquiry : A teacher's Guide to Implementing Inquiry-Based Learning"
〔open.alberta.ca/dataset/032c67af-325c-4039-a 0 f3-100f44306910/resource/
b7585634-fabe-4488-a836-af22f 1 cbab 2 a/download/29065832004focusoninquiry.pdf〕

第一章
自分が住む地域を調べる・発信する

首藤　久義

　この章では、自分が住んでいる地域についてテーマをもって調べたり考えたり発信したりする単元を「探究型地域単元」と呼び、そのあり方について考える。

一　実践上の課題

　探究型地域単元には次のような良さがある。その良さを生かすことがすなわち実践上の課題となる。

1　探究型地域単元で伸びることばの力

　探究型地域単元では、地域に関する情報を質問して聞き取ったり、文字や図や表から読み取ったり、記録したり、整理したりして加工・再生産した情報を音声言語や文字言語を通して発信したりする。その過程で、認識や思考が深化・発展する学びが成立するとともに、その認識や思考を他者と分かち合う学びも成立する。

　それは、ことばによる理解力や表現力を高める機会になるだけでなく、ことばによって表現したり理解したりすることを通して、地域についての学びをより確かなものにする効果も生む。それだけでなく、地域に関する情報や思いを教室のメンバーや学校内外の人々と分かち合うことが他者との交流範囲を広げることになり、社会に開かれた人間関係や社会性を拡充するという効果ももたらす。

　探究型地域単元で育つことばの力は、目的に応じてことばを活用する力で

あり、この社会で生きるために役立つ力である。その学習を効果的に成立させるために教師は、子供が本気になって取り組めるような目的がある場を構想し、その場で活動する子供一人一人に即して学習支援する必要がある。

2　地域探究経験が形成する世界観

　探究型地域単元の活動を通して子供が見つけた情報や価値は、自ら探究して獲得したものである。それは、与えられた教科書を読んだり、教師の説明を聞いたりして覚えた知識とは違い、自ら調べたり考えたりする探究活動を通して、自らの内部に形成した知識である。そうして得られた知識は、自分から発して世界に広がる形で成長する世界観として形成され、今後も成長する可能性をもち、容易に剥がれ落ちることがない。

3　探究型地域単元の「二重カリキュラム」的特性

　探究型地域単元で子供は、自分が住む地域について、調査研究して何らかの形（本や新聞や演劇やスピーチ等々）で発信するという目的を目指して活動を展開する。

　活動の過程で子供は、聞いたり読んだりメモしたり話し合ったりして情報を集め、自分で考えたり、ほかの人と考え合ったりして、集めた情報を整理・加工し、新たな情報を生み出して発信するという一連の活動をする。

　その一連の活動を通して子供は、地域について学ぶと同時に、情報活用に役立つことばの力も伸ばす。この単元は、地域を学習する単元であると同時にことばを学習する単元でもある。

　そういう意味で、探究型地域単元は「二重カリキュラム」的である。ケネス・グッドマンは、「ホール・ランゲージの研究」という論文の中に「二重カリキュラム(dual curriculum)」という一項を立てて次のように述べている。

　　ハリデイは、人はことばを学びながら、ことばを通して学んでいるということを明らかにした。ホール・ランゲージの教育計画は、この考えにもとづいて立てられている。それが、二重カリキュラムである。すべ

ての活動や経験あるいは単元は、どれもみな言語や認識が育つための機会である[1]。（日本語訳は首藤）

そう考えると、ことばの学習の機会が、国語科に配当された時間だけでなく、国語科以外の教科や、教科以外の領域に配当された時間にも豊富に存在するということが見えてくる。そうすれば、教科及び教科外を含めた学校生活全般にわたる場に、言語学習の機会を見つけて単元を構想することが可能になる。

二　実践例について

次に、実践例5つを取り上げる。各見出しの副題はそれぞれの実践の単元名である。（実践の出典は巻末注2～6参照。）

1　地域人物誌を作る
　　―「『発見！銚子市につくした人々（人物誌）』を作る」―

長谷川育子は、1988（昭和63）年度小学4年生を指導して、人物誌を作ることを通して地域を知り地域の人々に伝える単元を実践した[2]。概要は次の通り。

１）単元の指導目標（教師の願い）

自分が住む銚子市の人物誌を作る活動を通して、銚子市に関する認識を拡充し、ことばによる情報活用力を伸ばす。特に、目的に応じて聞いたり読んだりする力と、目的にふさわしい説明的文章を書く力を伸ばす。

２）単元展開の流れ（全10時間）

⑴　第1次（1時間）：　銚子に尽くした人々に関する人物誌の見本例3例（それぞれ、取り上げる人物や表現形式が異なる見本例）を見ることによって、これから行う活動の見通しを持つ。作る人物誌の読者としては、学

校内外の人々を想定している。

⑵　第２次（１時間）：　市史をはじめ各種書籍・雑誌・パンフレット・報告書・掲示物や過年度の子供が作成した地域情報冊子や教師が提案する多数の人物候補などを参照して、自分が担当する人物を決めて調べ方を考える。

⑶　第３次（５時間）：　情報を収集し整理加工して、下書きを作る。

⑷　第４次（３時間）：　推敲して清書し、印刷製本して冊子を完成させ、互いに交流するとともに、学校外の読者に届け、読者からもらった感想を読む。

３）指導の工夫と特徴

　自分が住む地域の人物誌を作るという目的を目指して、各自が選んだ地域の偉人について探究活動を展開し、インタビューや文書によって情報を収集・整理する活動を通して、地域の産業・経済・社会・歴史・自然など、地域の価値を再発見する学習が実現すると同時に、ことばの学習も成立するような場が工夫されている。

　学校外の地域の人まで広げた読者に届けるという、目的と相手がある場で、情報を収集し加工して生産し、図や表と文章を組み合わせて、相手にとって読みやすく伝わりやすい説明的文章を書く力が向上するように、一人一人に寄り添って支援している。

　子供たちが共同で作り上げた『発見！銚子につくした人々（人物誌）』には、「大漁旗とはっぴをそめる小沢忠一さん」「手やきせんべいをくじけずにがんばった横山さん」「つくだにづくりの徳兵衛さん」「灯台キャベツを育ててきた人」など、多様なものがある。

２　地域改善案を提言

　　―「私たちの『市原ステップUP21プラン』を作ろう」―

　佐久間義雄は、21世紀の到来を目前にした1998（平成10）年度中学３年「選択国語」受講生（17名）を指導して、市が政策として掲げていた「市原ステッ

プUP21プラン」の中学生版を作って公民館に展示する単元を実践した[3]。概要は次の通り。

1）単元の指導目標（教師の願い）

　自分たちが住む市原市の改善提言集『私たちの市原ステップUP21プラン』を作る活動を通して、市原市という地域の現状と改善策を考えるとともに、ことばによる情報活用力を伸ばす。ことばの力の中では特に、①相手に伝わるように効果的に書く力、②目的や必要に応じて情報を集める力、③テーマに応じる認識力と思考力、④目的意識や相手意識を持って話したり聞いたりする力、などを伸ばす。

2）単元展開の流れ（全13時間）

⑴　第1次（2時間）：　教師作成の見本例を見て、公民館等公共施設で展示する冊子『私たちの市原ステップUP21プラン』作りの見通しを持つ。地域情報誌・書籍・観光案内等パンフレット・新聞の切り抜き・市の広報誌など大量の資料を参照し、イメージマップの手法も取り入れて、提言案の発想を広げる。

⑵　第2次（8時間）：　テーマ別に個人あるいはグループ（2〜3人）で、文献資料・インタビュー・アンケート・意見交換によって取材する。

⑶　第3次（2時間）：　取材して得た情報を整理しながら下書きをし、互いに読み合い、自分でも見直して必要な修正をして清書する。

⑷　第4次（1時間）：　校内発表会を開き、冊子にまとめて、公民館等に展示する。子供たちが提言したテーマ（タイトル）とグループ構成は、①Dream未来の市原市（3名）、②市原市の自然について（2名）、③都市開発によって失われた自然（1名）、④都市と環境（1名）、⑤高齢社会と市原市（2名）、⑥市原市の平和（1名）、⑦モビール市と姉妹都市に（3名）、⑧未来の市原市の図書館（2名）、⑨市原の未来（2名）であった。

３）指導の工夫と特徴

　子供一人一人が住民の一員として市の改善案を考え、大量の文献資料やインタビュー・アンケート等を通して調査して必要な情報を収集し、整理・加工して、調査をふまえた改善案集を作成して、学校内外の読者に届けるという実の場が設定され、子供一人一人全員に出番と持ち場が与えられている。

　目的と相手が明確な場を設定することにより、子供が自分の目的意識・相手意識を持ち、目的と相手にふさわしい文法、文体、字形、レイアウトや文章構成を工夫し、吟味・検討・修正（つまり推敲）することが必要感をもって行われるような場が実現している。

　教師作成の見本例を複数提示して子供がゴールのイメージを具体的に描けるようにするとともに、１つの見本例に縛られすぎないようにしている。

　情報の収集活動としては、文書情報の収集やインタビューやアンケート調査等々、多様な方法を経験することによって情報収集能力が伸びるように工夫されている。

　学校での発表会や地域の公民館等の諸施設での展示など、学校内外で実際の相手に向けて情報を発信する過程で、話しことばと書きことばの両面にわたる総合的な言語活動の場が用意されて、実際の場で生きて働くことばの力が伸びるように工夫されている。

　子供一人一人の興味・関心・能力に応じたテーマが選ばれ、子供一人一人の実情を見極めながら、一人一人に必要な助言と励ましが与えられている。

　地域を学ぶと同時に、情報活用能力やコミュニケーション能力が伸びるような学びの場になっている。

　今後の課題としては、電子情報機器の活用ということが考えられる。

３　地域の魅力を紹介するテレビ番組制作
―「テレビ番組『再発見！わが街銚子』作り」―

　吉野和宏は、1998（平成10）年度小学６年生を指導して、市の魅力を紹介するテレビ番組を制作し、地域有線テレビで放送する単元を実践した[4]。概要は次の通り。

１）単元の指導目標（教師の願い）

⑴　司会をする力を含めてグループで話し合う力を伸ばす。

⑵　インタビュー等による情報収集力を伸ばすとともに、必要な情報を把握したりメモを取ったりする力を伸ばす。

⑶　相手の気持ちを尊重して話す態度を伸ばす。

⑷　自分のことばとして話す力を伸ばす。

⑸　インタビュー等の場面で、敬語を適切に使う力を伸ばす。

⑹　番組録画の段階で、役割にふさわしい音声言語表現をする力を伸ばす。

２）単元展開の流れ（全30時間）

⑴　第１次（３時間）：　地元の良さを再発見して地元の有線テレビで実際に放送される番組を作るという目的意識を明確にする。昨年度の子供によるビデオ作品１例と、この単元のために作成したビデオ番組の見本例２例を見て、ゴールのイメージを明確にする。

⑵　第２次（７時間）：　番組の企画会議を開き、10種類の番組企画を決定し、それぞれの番組を作るグループに分かれる。

⑶　第３次（18時間）：　グループごとに番組制作の作業を進める。

⑷　第４次（２時間）：　番組視聴者の反響と番組制作の経験を踏まえて、番組制作のあり方についてシンポジウムを行う。

３）指導の工夫と特徴

　地域を調べ地域に向けたテレビ放送によって発信するというこの単元は、地域との密接な交流の中で地域を学ぶ場として有効であると同時に、目的をもって情報を収集・整理・加工・発信する力や探究的思考力を伸ばす場としても効果的である。

　実際に放送されるテレビ番組を作るという点で、この場は「実の場」としての真正性（authenticity）が極めて高い場である。真正性が高い分だけ、子供の本気度や意欲も高くなる。それはこの単元の長所であるが、反面、良い作品を作ろうとする気持ちが過剰になりすぎるという問題点もある。

　作品の出来栄えを重視しすぎると、労力や作業時間が過剰になったり、子供一人一人への配慮が手薄になったり、活動の過程で生まれる学びが軽視されてしまう危険性が生じる可能性がある。そうならないためには、番組の出来栄えを犠牲にしてでも、番組制作を目指して活動する過程で子供一人一人の内部に成立する学びを優先する必要がある。

　具体的には、一人一人に他の子によって侵害されない持ち場と出番が与えられ、子供一人一人が責任と権限をもって活動を進めることができる場にする必要がある。

　その結果できた作品が専門家の作品に及ばないとしても、そこに、子供だからこそのほほえましさや味わいを見出すおおらかな目があれば、その結果を肯定的に受け止めることができる。

　放送後には、視聴者の反響と番組制作体験を踏まえて、番組作りの在り方を考えるシンポジウムを行っているが、その場が必然性をもって行われる振り返りの機会となっている。シンポジウムに登壇した子が真剣に考えたことは当然であるが、聞き手役に回った子供たちも、シンポジウムを聞きながら各自の内面で考えが広がり深まったと考えられる。

　なお、この実践は『東京新聞』（1998（平成10）年11月6日付）で、「番組づくりで表現力を学習。視聴者意識し、良い緊張感。」という見出しを掲げた大きな記事で報道されている。

　その記事では「校内だけでなく地域に放映することで、子どもたちは見てもらえるという喜びを感じると同時に、活動に対する責任感と表現内容をよくするために緊張感を持つ」という実践者の談話が紹介され、「6年生63人が6、7人の10グループに分かれ、プロデューサー、カメラマン、リポーター、キャスター、編集など役割を分担。「再発見！わが町銚子」をテーマに、地元の観光名所や史跡をクイズやドラマ、ニュース形式で制作する。地元の銚子ケーブルテレビの協力で、企画、撮影方法などを指導してもらい、番組は同テレビが枠を設けて23日から29日まで1日4回、1番組10分間単位で放映される。市内を走るチンチン電車「銚子電鉄」を取り上げた6人グループは、リポーター2人、カメラマン1人で取材。街頭インタビューでうまく答え

が返ってこなくて困る場面もあったが、身ぶり手ぶりを交えたリポートで演出を工夫したり、追加取材して内容を高めるなど、積極的に取り組んでいた。」（前掲新聞記事）と報じられている。

4　地域雑誌を刊行
―「こちら鎌足編集者―雑誌でつなごう鎌足の魅力―」―

　池田健介は、2007（平成19）年度小学6年生を指導して、自分たちの校区である木更津市鎌足地区の魅力を調べ、雑誌を刊行する単元を実践した[5]。概要は次の通り。

1）単元の指導目標（教師の願い）
⑴　目的意識を持ち、目的に応じる雑誌記事を書く力を伸ばす。
⑵　相手意識を持ち、雑誌記事を、読者や仲間と積極的に関わり協同的に書く力を伸ばす。
⑶　雑誌を継続的に発行する中で、書く力や話し合う力を伸ばす。

2）単元展開の流れ（全24時間　このほか、総合的な学習の時間・放課後等も活用）
⑴　第1次（2時間。9月上旬）：　地域の方を招いてシンポジウムを開き、地域のよさを再発見・再認識し、雑誌作りに対する見通しを持つ。
⑵　第2次（3時間。9月下旬）：　教師作成の雑誌のモデルや出版社の方のレクチャーにより雑誌作りのイメージを明確にし、子供出版社を立ち上げる。
⑶　第3次（6時間。10月上旬～中旬）：　編集会議・編集長会議を通して、創刊号発刊のためのアイディアや計画を練る。
⑷　第4次（6時間。10月下旬～11月上旬）：　取材・記述・推敲・印刷・校正・製本作業を行い、創刊号を発刊し、保護者や地域の店舗・文化施設等に配布する。
⑸　第5次（3時間。11月上旬～2月下旬）：　次号以降の雑誌作りを行う。
⑹　第6次（4時間。1月から3月）：　第6次の前半は第5次の第4号作

りと並行して活動。雑誌作りのノウハウを５年生に引き継ぐための「雑
誌作りの極意書」を作成する。

３）指導の工夫と特徴

　この単元は、子供にとって身近な地域の価値を再発見し、その情報を雑誌
に編集して発行するという、社会に向けて発信するコミュニケーション活動
の場を設け、子供たちが主体的かつ協働的に出版活動を行うことを通して、
編集力を含む情報活用力を総合的に伸ばす単元になっている。

　雑誌記事には、例えば「みんなのオアシス、矢那川ダム」「広げよう深め
よう鎌足文化：鎌足地区文化祭」「鎌足の絶景ポイント：素敵な夕陽を見る
なら、高倉のこの場所から！」「鎌足カルタで鎌足散歩：み道真公を祀る北
野神社」「庶民の味方直売所：今月のいちおし。今月の人気№１、大根」「鎌
足クイズコーナー」等々、地域情報が満載である。

　ここには知の発見と編集という学びがあり、地域の社会・文化・自然を学
ぶと同時に、地域の人や読者あるいは編集仲間と対話し協働するという学び
の場が成立している。

　この単元は、９月から３月に及ぶ長期間にわたって、ほかの学習と並行し
て、適宜時間をとって行われる飛び石のように続く単元であって、たとえて
言うならば「飛び石単元」とでも称することができよう。

　この単元は、創刊号から第４号まで雑誌を編集し、発行するという経験を
重ねる中で、前回の反省が次回の編集に生かされるというように、子供の力
が徐々に向上していく単元になっている。

　さらにこの単元では、４回の雑誌編集刊行経験で得たノウハウを次年度の
子供に伝えるために「雑誌作りの極意書」を作成することまでしている。そ
の場は、人のために役立つという必要感をもって自分たちの経験を振り返っ
て省察することが自然になされる場になっているだけでなく、獲得した知見
を整理し定着させる場にもなっている。

　この単元で発行される雑誌の読者は、地域に広がり、広い年齢層にも広がっ
ていて、この単元は、幅広い人々と情報や思いを分ち合うコミュニケーショ

ン力が伸びる単元になっている。

5　観光案内リーフレットを作って渡す
―「千葉市のリーフレットを作ろう」―

　金子礼明（のりあき）は、2014（平成26）年度中学3年生を指導して、市の観光案内リーフレットを作って全国からの参観者に手渡す単元を実践した[6]。概要は次の通り。

1）単元の指導目標（教師の願い）

　目的や相手に応じて情報を収集・整理し、構成や見出しや叙述や配置を工夫して、相手に伝わりやすいリーフレットを作成する力を伸ばす。

2）単元展開の流れ（全6時間）

(1)　第1次（2時間）：　全国から来訪した授業参観者に千葉市の見どころを紹介するリーフレット（手書きもワープロも可）を作るという目的を明らかにして計画を立てる。

　　　本物のさまざまなリーフレットを見たり、現地調査したりして、自分が紹介する見どころを選び、必要な情報を収集するとともに、表現上の工夫にも着目する。

(2)　第2次（2時間）：　写真や図表の位置、行き方、タイトル、文体や書体、用紙の大きさや色などを工夫しながら、自分のペースで下書きを作る。

(3)　第3次（2時間）：　リーフレットの下書きを、授業参観者一人一人に手渡して質疑応答を繰り返して、下書きの適否を検討し、必要な修正をする。

　　　修正が済んだらリーフレット原版を完成させて印刷し、授業参観者一人一人に手渡して、質問に答えたり語り合ったりする。

３）指導の工夫と特徴

　何のために役立つのかわからないで書かされる授業とは違って、この単元には、全国から訪れる大勢の授業参観者たちに、自分たちが住む千葉市の見どころを案内するためのリーフレットを作って手渡し、質問に応じて答えたり語り合ったりすることを通して、役立つ情報を提供するという目的があり、全国からの授業参観者と交流する楽しみがあった。

　その活動を通して、情報を収集・整理・加工して発信する力が高まり、情報活用に役立つことばの力も高まった。

　この単元では、ことばの力が高まっただけでなく、自分が住む地域についての認識を深めることもできた。

　千葉市には、国際貿易港があったり、加曾利貝塚があったり、科学博物館があったり、行政・司法・立法の機関があったりするが、それらを再認識することによって、生活科や社会科・理科・総合的な学習等で形成される世界観が、自分が住む地域とのつながりをもって広がる、より実感的な世界観として、学習者の内面に形成された。

　教師と他校生徒が作成した複数の手作りリーフレットを見本例にすることによって、自分たちが作る作品のイメージが具体的で多様なものになった。

　子供たちが作り上げたリーフレットには、写真や図や表やイラストを活用した記事が、読み手の読み心を誘う見出しを付けて配置されていた。その見出しには例えば、「だれもが楽しく学べる科学館、千葉市科学館キ・ボール」「国際港千葉港のシンボル、千葉ポートタワー」などがあった。

　２日にわたる大会の初日には、リーフレットの下書きを授業参観者に見せて質疑応答を含めて語り合うことを通して、自分のリーフレットを見直し、必要に応じて修正する機会として生かした。

　２日目には、必要な修正を施してリーフレットの印刷原版を完成させ、それを印刷して参観者に手渡し配布して、質疑応答を含む語り合いを行い、自分が作成したリーフレットを実際の場で活用して目的を達成した。

　読み手に手渡して語り合ったことは、自分が作ったリーフレットの効果を確認する機会となり、自分がしてきた活動を本物の場で振り返る機会となっ

た。

　この実践においては、学習者による目的を目指した能動的な活動と、目的に照らした自己評価とが互いに補い合いながら、単元の学習活動がダイナミックに進行していた。

　グループ編成の工夫としては、一人一人が自分のペースで力を発揮することができるようにする工夫として、興味・関心・能力が似通った者同士で、１人グループも含む少人数グループを採用して、教師が一人一人に寄り添って指導していた。

　一人一人が自分のペースで活動する余地を広げるために、一斉指導の時間を極力少なくして、活動する一人一人に任せ、必要に応じて教師が指導助言するという授業形態が工夫されていた。

三　授業づくりのヒントやこれからの課題

　探究型地域単元の授業づくりは、教科書教材にそって進める一つ一つの授業をどうつくるかではなく、単元全体をどう構想しどう展開するかという、単元全体を見通した指導のあり方として考える必要がある。

　それは、場をどうつくるかという課題でもあり、その場で活動する一人一人の学びをどう支えればよいかという課題でもある。その課題に応えるためのヒントも含めて、探究型地域単元の在り方について考えることにする。

1　目的のある実際の場で

　生活に役立つことばの力は、場に応じて話し聞き書き読む力である。その力を伸ばす指導にまず必要なことは、子供が目的をもって言語活動をする場をつくることである。

　探究型地域単元の場合は、自分が住む地域について探究・発信するという目的を目指して展開するひとまとまりの活動としての単元を構想して実践する必要がある。

　人に通じて役に立つことばの力を伸ばすためには、目的や相手がある活動

の場をつくり、その場で活動する一人一人にふさわしい学習支援をすることが必要になる。

2　単元を支える二つの目的（子供の活動目的と教師の指導目標）

　単元の活動は子供の目的意識に支えられて生き生きと展開していく。その活動の背後には、その活動を通して子供の学習を成立させようと願う教師の指導目標がある。しかし、子供は必ずしもその指導目標を知る必要はない。子供は自分の活動目的を目指して準備したり練習したり工夫したり考え直したりしながら活動に専念すればよいのである。

　例えば、地域に関する本や雑誌や新聞やカルタを作ったり、地域について調べて発表したりすることを目的にして活動を進める単元の場合、子供はその目的を目指して活動を進めればよいが、教師は、その活動の過程で、子供の内部に学習が成立するよう、子供一人一人をよく見てそれぞれの子にふさわしい支援をする必要がある[7]。

3　単元を貫く目的意識

　単元学習の単元（unit）とは、活動のひとまとまりという意味である。単元における子供の目的意識は、単元展開の出発点において意欲を呼び起こすばかりでなく、目的達成に至るまでの全過程においても、意欲的な学習活動を引き出し続ける。

　子供は、単元展開の冒頭において目的を意識し、単元展開の全過程を通して、目的を目指して活動し、目的を達成してその活動を終えるという、一連の活動を展開する。

　単元展開の冒頭から終わりまで、子供は自分の活動を目的に照らして評価し、必要に応じて自分の活動を修正しながら、活動を展開する。単元を貫く目的意識は、活動の原動力になるだけでなく、自己評価の基準としても働く。

4　地域学習としても充実

　地域単元では、地域の文化・人物・歴史・地理・自然等々、地域そのもの

の学習と言語学習との両方が同時に成立する。「ことばの授業づくり」という本書の趣旨に合わせて、本章で取り上げた実践の指導目標は、ことばの力に絞って示したが、その目標と並立して、地域学習にかかわる指導目標が存在することを忘れてはならない。したがって、それぞれの単元の成否は、言語学習としての効果だけでなく、地域学習としての効果という観点からも検討されなければならない。

地域単元は、全国共通の教科書教材だけに頼るのではなく、地域ごとに構想する必要がある。全国共通でないことが、地域単元の特色でもあり課題でもある。

地域に関する知識を与えられて覚える学習では、主体的な探究活動を実現することはできない。主体的な探究活動を実現するためには、子供が自分の目的やテーマをもって探究・発信する活動を展開する単元にする必要がある。

そのような活動を通して子供一人一人の内部に形成される文化観・社会観・自然観を含む世界観は、天から降りてきた抽象的な世界観ではなく、身近な地域の具体的な文化や歴史や地理や産業や経済や自然から伸びて、日本や世界へとつながり広がって形成される世界観である。

教科書で与えられる抽象的な世界観を、地域の具体物から広がって自分とつながりをもって感じられる世界観に近付ける効果が、地域学習がもつ大事な意義の1つである。

地域単元は、学校の外にまで探究の場を広げ、インターネットを活用したり地域の方々の協力を得たりして展開するとよい。そうすることによって、地域の人々との交流やコミュニケーションを体験することになり、子供の視野とコミュニケーションの幅が広がる。

5　提示する見本例は複数のほうがよい

教師が提示する見本例に子供が縛られすぎないようにするためには、水準や様式が異なる複数の見本例を示す必要がある。見本例と見本例との間にある距離が、発想の幅を広げ、個性実現の余地を広くする。

6　内容や方法や発信媒体の多様性

ここに紹介した実践はすべて、筆者である首藤自身が何らかの形でかかわった実践である。

これらのほかにも、私が見聞きした地域単元には、地域の伝統料理の聞き書きレシピ集を作る単元、地域のごみや環境の問題を調べて改善策を提言する単元、英語圏にある外国の姉妹都市との交流の一環として、自分の学区のことを調べて知らせるための冊子を作る単元もあった。その単元で出来上がった冊子はその要旨が英訳されて姉妹都市の教育委員会に届けられた。

ほかにも、校歌・地域の歴史・地理・文化・自然環境などを探究する単元、地域の施設や市民生活の問題点を明らかにしてその改善案を企業や役場に提案する単元、農業や林業を含む地域の産業や経済を調べてその未来像を提言する単元などがある。

探究した情報を発信する媒体としては、本、漫画、雑誌、新聞、パンフレットや電子媒体などがある。

発信の方法としては、配布、掲示、郵送、手渡し、スピーチ大会で発表というように、多様な方法がある。今後、情報媒体の進歩発展に伴い、その調査や発信の方法はまだまだ広がる可能性がある。

注

1 ）Kenneth Goodman, *Whole-language research: Foundations and development.* The Elementary School Journal, vol.90, no.2, University of Chicago, 1989, p. 210.

　「二重カリキュラム」については、首藤久義「教科をこえて広がる国語学習の場―教育課程を貫く言語―」首藤久義・卯月啓子共著『ことばがひろがるⅡ―教科をこえて広がる国語―』（東洋館出版社、1999年）および首藤久義「二重カリキュラム的総合単元―教科をこえて広がる国語―」『国語科教育』第47集（全国大学国語教育学会、2000年）で詳述している。

2 ）この実践は、長谷川育子「個に応じて書く力を伸ばす説明的文章の表現指導―『発見！銚子市につくした人々（人物誌）』を作る実践を通して―」（千

葉県総合教育センター編集『昭和63年度長期研修生研究報告』1989年）と、長谷川育子編著発行『個に応じて書く力を伸ばす説明的文章の表現指導―『発見！銚子市につくした人々（人物誌）』を作る実践を通して―』（1989年）で報告されている。長谷川育子「地域にねざした作文学習―大漁旗を紹介する本作りを通して―」（日本国語教育学会編集『月刊国語教育研究』第239号、1992年4月号）も同じく地域単元の実践報告である。

3）この実践は、佐久間義雄「場の設定により書く力を高める学習指導―地域の未来を考える言語活動を通して―」（千葉県総合教育センター編集『平成10年度長期研修生研究報告』1999年）と、佐久間義雄編著『研究報告資料：場の設定により書く力を高める学習指導―地域の未来を考える言語活動を通して―』（1999年）と、同氏「場を設定して言語技能を高める」『教育科学国語教育』（明治図書出版、第589号、1999年10月号）に報告されている。

4）この実践は、吉野和宏「学習の場や目的を作り、総合的なコミュニケーション能力を育む音声言語学習―「テレビ番組『再発見！わが街銚子』作り」を通して―」（千葉県総合教育センター編集『平成10年度長期研修生研究報告』1999年）と、吉野和宏編著『研究報告資料：場の設定により書く力を高める学習指導―地域の未来を考える言語活動を通して―』（1999年）と、吉野和宏「魅力ある学習の場がもたらす音声言語学習―テレビ番組『再発見！わが街銚子』作り―」（日本国語教育学会編集『月刊国語教育研究』第327号、1999年7月号）に報告されている。

5）この実践は、池田健介「編集学習を通した目的的・協同的なコミュニケーション能力の育成」（千葉県総合教育センター編集『平成19年度研究報告』2008年）と池田健介編著『編集学習を通した目的的・協同的なコミュニケーション能力の育成』（2008年）と池田健介「雑誌編集による協同的なコミュニケーション能力の育成」（日本国語教育学会編集『月刊国語教育研究』第434号、2008年6月号）に報告されている。

6）この実践は、金子礼明「第2分科会書くこと」の指導案、第43回全日本中学校国語教育研究協議会千葉大会編集『開催要項』（2014年）と、金子礼明「自分の思いを相手に配慮して書いて伝える子どもの育成」（日本国語教育学会編集『月刊国語教育研究』第526号、2016年2月号）に報告されている。

7）詳しくは、首藤久義「単元における二つの目的―国語の効果的な学習指導を実現するために―」（日本国語教育学会編集『月刊国語教育研究』227号、1991年4月号）を参照されたい。

参考文献

東井義雄『村を育てる学力』明治図書出版、1957年。

日本国語教育学会編集『月刊国語教育研究（特集―単元学習・地域にねざした単元の構成）』239号、1992年年4月号。

日本国語教育学会編集『月刊国語教育研究（特集―地域に根ざす学習材）』290号、1996年6月号。

日本国語教育学会編集『月刊国語教育研究（特集―地域の文化・伝統を生かす教材開発）』537号、2017年1月号。

浜本純逸「関西文化の学習材化」全国大学国語教育学会編集『国語科教育』42集、1995年。

峰地光重『郷土教育と実践的綴り方』郷土社、1932年。

第二章
読書の世界
―読書生活を創造する―

稲井　達也

一　読書活動の推進と読書指導

1　テーマの背景

　2001（平成13）年、議員立法により、子どもの読書活動の推進に関する法律【資料1】が策定された。これを受けて都道府県は「都道府県子ども読書活動推進計画」を、市町村は「市町村子ども読書活動推進計画」を策定した。このことにより、徐々に小・中学校、高等学校には、読書活動が広まっていった。法律の施行後、PISA調査の結果が公表され、読解力低下が指摘された。メディアを通して話題になった。

　法律施行後は、小学校では読み聞かせ、中学校では「朝の読書」が広がりを見せた。なかなか読書活動への関心が持たれなかった高校の現場でも、「朝の読書」を実施する学校が増加していくこととなった。

　しかし、読書習慣の改善状況は校種によって異なる。「学校読書調査」（毎日新聞社と公益社団法人全国学校図書館協議会が実施）によれば、2017（平成29）年5月1か月間の平均読書冊数は、小学生は11.1冊、中学生は4.5冊であるのに比べて、高校生は1.5冊と低い。また、1か月間に読んだ本が0冊の児童生徒を「不読者」と呼んでいるが、不読者の割合は、小学生は5.6％、中学生は15.0％であるのに比べて、高校生は50.4％ときわめて高い数値になっている。

【資料1】 子どもの読書活動の推進に関する法律（一部抜粋）

（目的）
第一条　この法律は、子どもの読書活動の推進に関し、基本理念を定め、並びに国及び地方公共団体の責務等を明らかにするとともに、子どもの読書活動の推進に関する必要な事項を定めることにより、子どもの読書活動の推進に関する施策を総合的かつ計画的に推進し、もって子どもの健やかな成長に資することを目的とする。
（基本理念）
第二条　子ども（おおむね十八歳以下の者をいう。以下同じ。）の読書活動は、子どもが、言葉を学び、感性を磨き、表現力を高め、創造力を豊かなものにし、人生をより深く生きる力を身に付けていく上で欠くことのできないものであることにかんがみ、すべての子どもがあらゆる機会とあらゆる場所において自主的に読書活動を行うことができるよう、積極的にそのための環境の整備が推進されなければならない。

　読書指導は教育課程に位置付けられているものの、主に教科外の活動として位置付けられてきたため、国語科、社会科（高校では地理・歴史科）、英語科など、読書と親和性の高い教科でさえ、積極的に教科の学習の中に組み入れられることが少ない傾向が見られる。その背景には、学習指導要領における読書指導の位置付け方や、学校図書館の制度的な影響があると考えられる。前者では、読書指導の教育内容がこれまで明確にされてこなかったことが指摘できる。例えば、自由読書であっても、読書行為の前段階として、自己の興味や関心をつかむ指導や、本を選ぶ指導が必要である。また、そもそも論として、なぜ本を読む必要があるのか、読書の動機付けを図る指導が必要であるが、どちらかといえば、これらは実体論的には学校図書館利活用教育の中で取り上げられてきた面が強く、教科等の教育内容からは切り離されてきた。言い換えれば、読書指導は過去も、そして現在も学校図書館の利活用と一体的に捉えられている面もある。また、読書には総合的な性格があり、教科の学習から切り離されている。このため、総合的な学習の時間が創設された際には、学校図書館担当者の間では、学校図書館の利活用への期待が一気に高まった。そして、読書指導や学校図書館の利活用指導は、教科の

指導ではなく、総合的な学習の時間の中で行われていく傾向も見られるようになった。

　2017（平成29）年・2018（平成30）年の学習指導の改訂では、探究的な学習は、教科も含んでおり、総合的な学習の時間に集中して行われることは示唆していない。そういう意味で、読書指導もまた探究的な学習を契機として、教科の学習の中に位置付けられた上で実施されたり、あるいはこれまで通り、教科横断的な学習という視点で教科や総合的な学習の時間の中で取り組まれたりする可能性が出ている。そういう意味では、読書指導の意義として、読書習慣の定着以外の面に目を向け、読書指導における知識・技能に焦点を当てるなど、広義に捉える必要がある。

　学校図書館の制度的な点について触れる。【資料２】にあるように、学校図書館法が配置を努力義務とする司書教諭については、法律の改正によって、2006（平成18）年からは12学級規模以上の学校へ司書教諭の配置が義務付けられた。このことにより、司書教諭の配置が進んだ。一方、学校司書は公立図書館や大学図書館に勤務する専門職としての「いわゆる学校司書」という言い方のほかなかったが、2014（平成26）年の学校図書館法の改正により、翌2015（平成27）年から司書教諭の配置が努力義務とされるに至った。法律改正により様々な勤務形態ではあるが、学校司書の配置が進んだ。しかし、努力義務であるという制度上の課題は依然として残されたままである。また、学校図書館に司書教諭と学校司書という２つの職が併存するという課題も依然として残されたままである。保健室には養護教諭という専門職が一つしかないという点を見れば、その難しさが浮き彫りにされるだろう。

【資料２】学校図書館法　司書教諭と学校司書に関する規定

（司書教諭）
第五条　学校には、学校図書館の専門的職務を掌らせるため、司書教諭を置かなければならない。
2　前項の司書教諭は、主幹教諭（養護又は栄養の指導及び管理をつかさどる主幹教諭を除く。）、指導教諭又は教諭（以下この項において「主幹教諭等」

という。）をもつて充てる。この場合において、当該主幹教諭等は、司書教諭
の講習を修了した者でなければならない。

3　前項に規定する司書教諭の講習は、大学その他の教育機関が文部科学大臣
の委嘱を受けて行う。

4　前項に規定するものを除くほか、司書教諭の講習に関し、履修すべき科目
及び単位その他必要な事項は、文部科学省令で定める。

（学校司書）

第六条　学校には、前条第一項の司書教諭のほか、学校図書館の運営の改善及
び向上を図り、児童又は生徒及び教員による学校図書館の利用の一層の促進に
資するため、専ら学校図書館の職務に従事する職員（次項において「学校司書」
という。）を置くよう努めなければならない。

2　社会的・現代的な意義

　2017（平成29）年と2018（平成30）年に改訂された学習指導要領では、総
則において、2008年（小・中学校）、2009年（高等学校）に比べて、【資料3―
1】に示すように読書活動の位置付けが明確になった。

【資料3―1】2018（平成30）年　高等学校学習指導要領総則　第2款、第3款（下
　　　　　　線は筆者強調）

第2款　教育課程の編成

2　教科等横断的な視点に立った資質・能力の育成

(1)　各学校においては，生徒の発達の段階を考慮し，言語能力，情報活用能
力（情報モラルを含む。），問題発見・解決能力等の学習の基盤となる資質・
能力を育成していくことができるよう，各教科・科目等の特質を生かし，
教科等横断的な視点から教育課程の編成を図るものとする。

第3款　教育課程の実施と学習評価

1　主体的・対話的で深い学びの実現に向けた授業改善

各教科・科目等の指導に当たっては，次の事項に配慮するものとする。

(2)　第2款の2の(1)に示す言語能力の育成を図るため，各学校において必要
な言語環境を整えるとともに，国語科を要としつつ各教科・科目等の特質
に応じて，生徒の言語活動を充実すること。あわせて，(6)に示すとおり読
書活動を充実すること。

(6)　学校図書館を計画的に利用しその機能の活用を図り，生徒の主体的・対

> 話的で深い学びの実現に向けた授業改善に<u>生かす</u>とともに，生徒の自主的，自発的な学習活動や<u>読書活動を充実すること</u>。また，地域の図書館や博物館，美術館，劇場，音楽堂等の施設の活用を積極的に図り，資料を活用した情報の収集や鑑賞等の学習活動を充実すること。
>
> ※小学校と中学校は(7)

　「第２款　教育課程の編成」では、教科横断的な視点から教育課程を編成することが求められている。また、「学校図書館を計画的に利用し、その機能の活用を図り」とあるが、「学校図書館の機能」とは、読書センターとしての機能、学習センターとしての機能、情報センターとしての機能の３点である。「生徒の主体的・対話的で深い学びの実現に向けた授業改善に生かす」とあるように、学校図書館の利活用が教科と関連づけられている点や、さらには、「自発的な学習活動や読書活動を充実すること」とあるように、「学習」と並立的に明記されている点に特徴が見られる。これらを見てみると、「読書活動」とは、娯楽的な読書、自由読書だけではなく、探究的な読書も含んでいるものと考えられる。学校図書館を活用した教科等の授業の中で、探究的な学習を核とした読書活動を行うことが目指されている。

3　各教科での取り扱い

　また、「第５款　教育課程の編成・実施に当たって配慮すべき事項」でも、「学校図書館を計画的に利用しその機能の活用を図り、生徒の主体的、意欲的な学習活動や読書活動を充実すること。」が示されており、学校図書館の位置付けが明確になっている。

【資料３－２】2018（平成30）年　高等学校学習指導要領総則　第５款

> 第５款　教育課程の編成・実施に当たって配慮すべき事項
> 　5　教育課程の実施等に当たって配慮すべき事項
> 　　以上のほか，次の事項について配慮するものとする。
> (1)　各教科・科目等の指導に当たっては，生徒の思考力，判断力，表現力等をはぐくむ観点から，基礎的・基本的な知識及び技能の活用を図る学習活動を

重視するとともに，言語に対する関心や理解を深め，言語に関する能力の育成を図る上で必要な言語環境を整え，生徒の言語活動を充実すること。
⑾　学校図書館を計画的に利用しその機能の活用を図り，生徒の主体的，意欲的な学習活動や読書活動を充実すること。

4　読書の授業デザイン

　では、学校図書館の利活用と関連を図る学習活動や読書活動はどのように授業をデザイン（設計）していけば良いのだろうか。読書活動そのものを探究的な学習として授業デザインしていくためには、読書を通して課題解決を図り、その学習成果を、何らかの表現媒体に具現化していくことが大切である。

　その方法論としては、インプットを通して情報の読み取りを行うとともに必要な情報を取り出し、その取り出した情報を熟考・評価し、アウトプットを通して、解決したり探究したりした学習成果を具現化していくという一連の学習プロセスを取り入れることを提案する。

　学習者の学習成果の具現化では、学習プロセスの明確化と学習成果の評価を行うことが欠かせない。学習プロセスの明確化とは、学習者が見通しをもって学習に取り組むことであり、また、学習成果の評価とは、学習を終えた後に自己の学習プロセスを振り返り、自己評価することである。

　例えば、書評合戦（いわゆるビブリオバトル）、複数の本をあるテーマの下で紹介するブックトークのような音声言語活動であったり、新聞、ポスター、年表などの具体物であったりと、表現形態は様々であるが、アウトプットの具現化を図ることが必要である。アウトプットすること自体が目的ではなく、熟考・評価というプロセスが最も大切である。

　2018（平成30）年に改訂された高等学校の学習指導要領は、汎用的な能力や資質を育てようとするものであり、学習指導要領の実施に先立って、大学入試も改革される。

　新しい大学入学共通テストには、知識・技能、思考力・判断力・表現力等の能力、主体性・多様性・協働性などをみるという方向性がある。そして、当初計画されていた記述問題では、必要な情報を取り出し、与えられた条件

に応じて言語化したり数学的に表現したりする表現能力が求められていた。つまり、広い意味での情報活用能力である。これまでの読書活動には広義の情報活用能力の育成という視点があまりなかった。

【表1】 インプットからアウトプットへの学習プロセス

テクストの読み取り・情報の取り出し

・学習の目的や課題を理解したうえで、テクストから必要な情報を取り出す学習
　（情報の読み取り、情報の読み比べを含む）

情報の熟考・評価

・取り出した情報の正確さや妥当性を評価し、必要のない情報を切り捨て、適切な情報を見分ける学習
　　（目的や課題に即して、情報を文脈に位置付ける学習を含む）

情報の加工・表現・発信

・情報の受け手を意識し、情報を的確・効果的に加工・表現し、発信する学習
（工夫して伝えたり・伝え合ったりする学習、ポスターやレポートなどにまとめる学習を含む）

二　実践事例

　ここでは前述したインプットからアウトプットに至る学習プロセスの観点から、過去の優れた読書指導の実践として、国語教育者・大村はまの戦後初期、戦後初期20年代の読書新聞づくりの実践を取り上げることにする。新聞づくりは、アウトプットの成果物であるが、新聞づくりそのものが目的ではない。

1　東京都目黒区立第八中学校の読書新聞づくりの実践
1）指導のねらい

　大村はまは、単元学習の実践家として名高く、中でも、昭和40年代の実践として、特徴的な「読書生活指導」の実践がよく知られている。大村は、昭和40年代以降、自らの読書指導を「読書生活指導」と名付けた。大村は実践

を通して「読書生活指導」の概念の確立を図ろうとした。「読書生活指導」とは、本の紹介や読書感想文という読書指導の枠に留まらず、また、学校教育に限定せず、生徒に読書の方法や技術を教え、広く社会生活や家庭生活を含んだ読書文化の担い手を育てるというねらいをもつものである。

　戦後初期の昭和20年代には既に読書指導に取り組んでいた。目黒区立第八中学校（以下、「目黒八中」とする）は、戦後、新制中学校となって大村が着任した2校目の学校である。目黒八中において、大村は国語科の教科の学習として読書指導を行った。

　大村は国語科の授業としてではなく、まず、新聞委員の生徒とともに『八中読売』という学校新聞づくりを実践した。その後、国語の授業で「単元『読書』」を設定し、学習活動の一つとして、読書新聞を作る学習活動を行った。

　大村は、単元『読書』の実践として、「読書新聞づくり」という方法を選択した。この実践はのちに大村の「読書生活指導」の考え方を形作る重要な礎となった。「読書生活指導」では、読書指導を単に学校の内に閉じ込めず、言語生活の一つとして学校外での生活も含めて広い視野で捉え、生徒が自ら読書生活を創り出していくことができるように指導しようとするものである。大村は、読書指導が本の紹介と読後の感想文とに偏っていた点に不満を持っていたからである。

　大村はのちに「無意識に、読書生活指導ということばづかいに沿って歩いていたのだと思います。」と述べている。「読書生活指導」論の出発点は、戦後初期、昭和20年代（1945〜）の「単元『読書』」の実践にあったと考えられる。「単元『読書』」の実践には、目黒八中だけではなく、その次に赴任した紅葉川中でも実践された。

　大村の戦後初期の実践を知ることは、今日においても、国語科における読書指導を考える上で大切な視点を与えてくれる。つまり、言語の教科としての国語科の学習の中で読書活動を行う場合、どのような資質・能力を養うのか、そして、そのためにはどのような工夫のもとに単元をデザイン（設計）する必要があるのかという点である。読書活動を単に活動で終わらせないようにするためには、学習者の探究心を引き出し、学校内外の読書生活につな

げていく視点が欠かせない。

２）指導計画—学習方法と内容—

目黒八中時代の大村の教え子である羽島知之氏は大村の授業を受けた。『二C読書新聞』は、1949（昭和24）年11月7日から約30日間にわたり行われた。国語の授業「単元『読書』」の中で、開設間もない学校図書館を活用しながら、大村の指導の下、2年C組の生徒の手によって作られたものである。物資の乏しい時代であるため、紙の調達には苦労したようである。新聞部員だった羽島氏の手元には、『八中読売』と『二C読書新聞』が残されている。目黒八中での「実践報告」では、「単元『読書』」における最大の目標を「(1)読書の習慣を身につける。」に置いた。そして、この目標について、大村は次のように述べている[1]。

　　『読書』ということを離れがたい習慣にするよう、『読みひたる』という境地を味わわせるように、ということを第一にし、「『早く読めること』や『深く読めること』を、いちおう、あとまわしに考えました。そして、いわゆる『読書指導』という場合の内容を『読書新聞』に盛り込んでみました。

「読書新聞という場合の内容」として、大村は、「一、読書の意義や必要を考えさせるもの」、「二、読書技術向上をめざしたもの」、「三、読書傾向の改善に役立つもの」の3点に分けて捉えた。学習内容は【表2】に示した次の8点である。

【表2】東京都目黒区立第八中学校の単元『読書』」における読書新聞の主な学習内容[2]

1	指導者みずから筆をとる。
2	生徒が書く。
3	他の学科の先生をはじめ父兄その他いろいろな人をたずねて、つまりインタ

```
　ビューによって記録をとる。
４　先生をまじえて、あるいは生徒だけの、読書に関するある題目についての座
　談会を催して記録をとる。
５　雑誌、新聞、書物などから、読書に関するものを選び、一部分をのせたり大
　意要旨を紹介する。
６　めいめいの書いている読書日記からよい読後感をさがす。
７　興味ある問題についての統計をのせる。
８　読書に関する標語を募集してのせる。
```

３）生徒の学習成果物を次の学習材として生かす

　単元学習において生徒が作った新聞が、次の学習に発展的につながるということに気付いた点について、次のように記した[3]。

　　　読書新聞を作らせて、手作りの教材というのは、教師の手作りという意味だけではない、子どもたちの手作り教材があることに気づいた。学習として作ったものが単なる成績品ではなく、いつのまにか次の、また次の学習の材料になることに気づいた。単元学習のゆたかさに「驚く」思いであった。

　一般に大村が指摘するように、学習者の成果物は生徒に返却して終わりであるが、成果物を「次の学習の材料」として活用するという観点で捉えるならば、単元間の関連性を意識する必要が生じる。学習を個々に独立したものとして捉えるのではなく、学習の関連性の観点から捉えてみることは、今日でも探究的な学習をデザインしていく上で欠かせない捉え方といえる。

　前述の羽島氏によれば、授業は教室内に机を並べ替えて班ごとに行われ、学校図書館と教室を行き来したという。読書新聞をつくる班は、持ち回りで全ての班が担当した。班ごとに様々な工夫がみられ、記事は多岐に渡った。記事の内容は班で話し合って決めた。大村は戦後の民主主義の黎明期の中で、「話し合い」を重んじた。記事の工夫の仕方について、大村は熱心に指導に当たったという。

2　生徒の学習記録にみる単元「読書」の内容

　鳴門教育大学附属図書館にある大村はま文庫には、生徒による多くの学習記録が保管されており、複製物であれば閲覧可能である。

　目黒八中の生徒の学習記録のうち、読書に関するものは全部で11冊が保管されている。このうち読書新聞づくりを含む単元は、「2学年A組　2学期」の「学習帳　読書（b）」の1冊のみが保管されている。単元名は「読書」となっており、読書新聞づくりの他に読書日誌、読書感想、読書感想発表会から構成されていることがわかる。これ以外の読書単元の学習記録10冊は、全て第3学年に行った「読書の技術」と題された単元である。

【表3】　2学年A組第2学期の「学習帳　読書（b）」における「目次」

目標　学習計画　プリント	1
読書日誌	2
標語・読書新聞の企画	5
読書感想 民主主義	7
地蔵の話	8
読書新聞	10
その感想	23
読書感想発表会記録	28
プリント（一）の批評	30
会議のプリント	31
「湯川博士」についての感想	32
プリント（二）の自分の批評	33
会議のプリント（二）「私たちの級雑誌」	34
放送の順序のプリント	36
自治会「教室の美化」の批評	38
会議各グループのコンクールメモ	39
批評：評価表	40
放送后の感想	44
書取	47
学習日誌	55

　また、学習帳の最後にある「学習日誌」と題された学習の日録は、他の単
元の学習記録にも多く見られる記述である。「学習日誌」を見ると、読書単
元は読書週間に合わせて設定されていることが分った。

3　紅葉川中学校における「単元『読書』」の実践

　単元『読書』」の実践は、目黒八中の後に赴任した中央区立紅葉川中学校
でも継続された。大村は、目黒八中に僅か約3年3ヶ月間勤務した後、中
央区立紅葉川中学校に異動した。「単元『読書』」の実践を継続した。

　1952（昭和27）年には、紅葉川中の実践を「個人差に応じる国語の学習指
導」としてまとめた。これは目黒八中での実践を発展させた内容になってい
る。

　「個人差に応じる国語の学習指導」では、問答形式によって大村の読書指
導の考え方が説明されている。読書における個人差が指摘され、読書にも個
人差に応じた指導が必要であると述べている。

　　問　どの方面についても同じことかもしれませんが「読書」というこ
　　については、ことに個人差が大きいと思います。近くに図書館のあるか
　　ないか、本屋が多いか少ないか、などはともんく（原文ママ）として、
　　家にある本の数や種類も非常に違い、したがって、今までにどんなもの
　　をどのくらい読んでいるか、どのくらいの読書力があるというようなこ
　　とを細かく考えていきますと、実に、ひとりひとりの差が大きいと思い
　　ます。このいろいろな差に応じながらよい読書生活を身につけさせるに
　　はどんなふうに指導したらよいでしょうか[4)]。

　この「問」は、今日にも通じる課題である。大村は、読書に関わる学習内
容に応じて、場所をいくつか設け、生徒ひとりひとりの個人差に応じた様々
な役割を与えるという工夫を提案した。紅葉川中には、まだ学校図書館がな
かったため、教室形態を工夫する他なかったのかもしれない。

　具体的には、学習の場所を「図書室」、「読書力テスト室」、「読書新聞の編

集室」、「談話室」の４カ所に分け、場所ごとの役割を決めた。例えば、教室は教室の前方を「読書力テスト室」とし、黙読の速度のテスト、語彙力のテストや読解力のテストを行う場所とした。

　一斉テストは実施せず、生徒は順番に前に出てきて問題を解き、自己採点を行った上で、腑に落ちない点を教師に質問する場とした。そして、教室の半分は「読書室」と命名し、本を「読みひたる場所」として位置付けた。

　廊下は「読書新聞の編集室」と「談話室」に分けた。「談話室」は「読書室」から呼び出した生徒と教師が、生徒の持参した読書記録に基づき、読んだものを中心に「打ち込んで話をする場所」として位置付けた。

　読書新聞については、「この新聞を指導することによって、読者を正しく深く方向づけるもの」として位置付けた。読書新聞の記事として、【表４】の内容を示した。

　【表２】の目黒八中での実践の学習内容に比べると、実践から３年を経ていることもあり、より発展した学習内容になっており、工夫の跡がみられる。

【表４】東京都中央区立紅葉川中学校の「単元『読書』における読書新聞の主な記事[5]

１．読書に関する主張、論文
２．読書に関する随筆、感想
３．読書の方法
４．読書衛生
５．読書記録の型のいろいろ
６．読書に関する統計（今までに読んだ本、どんな本が読みたいか、自分の持っている本の数、本は主にどこの、あるいは、だれの本を利用するか、１日の読書時間、一か月に何冊くらい読むか、など学級での調査の結果を発表する。）
７．良書の紹介
８．読書相談（生徒から質問を出させて答える）
９．読書記録（一同の書いている記録の中から選ぶ）
10．編集部主催の座談会記録（編集部の者で、またはその他の生徒もまじえて、たとえば次のような題目で話しあって、その記録をとる。）

```
　　　　わが学校図書館に望む　　　　漫画の読み方　　　　○○○を読んで
11.　図書館訪問記
12.　本の歴史、本のできるまで
13　先生がた、父兄、卒業生などを訪ねて、読者の体験を聞いて
14　書物の扱い方、本の修理のしかた
15.　豆知識（「本の大きさの種類」、「全集と叢書」というような、読書に関する、
　　ちょっとした知識）
16.　投書（編集部以外の生徒からの投書、たとえば、読書新聞前号の評、読書
　　室の状況の批判、などを書かせて）
17.　標語（読書をすすめる標語、やはり全員から募集して）
18.　読書雑誌ダイジェスト
```

　『読書新聞』を作る学習活動は、「図書室」、「読書力テスト室」、「談話室」
で展開される様々な学習活動の中の一つとして位置付けられた。大村は、「こ
のように、いろいろの仕事がありますので、いろいろの力を持った、また、
いろいろの力を持たない、ひとりひとりが、それぞれにたのしく、役に立つ
仕事をすることができるのです。」と述べている。

　１人の教師が、複数の学習活動をみていくためには、学習者の主体性が前
提になる。また、同時に、教師が「教える」ことと生徒が「学ぶこと」を区
別する必要もある。

　大村が生徒と対面したのは、「談話室」での本を媒介とした「打ち込んで
話をする場」であり、テストに対する質問の場である。つまり、個人差に応
じた指導を行う場を限定したのである。「談話室」は、「図書室」で進められ
る読書行為を生徒任せにしないための場でもある。

　読書という生徒一人ひとりの言語行為に対して、読書記録をもとにして真
剣に対峙した大村の姿が推察できる。

三　指導の工夫と展開

1　編集の文法に即した多様な記事をつくる

　新聞づくりには、新聞の編集に独自の「編集の文法」とも呼ぶべきルール
を理解することが必要である。「編集の文法」の学習をしながら、調べたこ
とを「編集の文法」に従って記事として紙面構成を考え、言語表現していく
ことになる。

　目黒八中における『二C読書新聞』は、1949（昭和24）年の11月14日から
12月6日までの間に7号まで発行された。1面の記事には全号に論説を載せ
ている。1面は論説の他、読書週間、読書調査の報告などの時宜を得た記事
も見られる。

　【表2】の「単元『読書』」の学習内容の「3.　他の学科の先生をはじめ父
兄その他いろいろな人をたずねて、つまりインタビューによって記録をと
る。」に当たる記事としては、学校図書館担当教諭や社会科教員へのインタ
ビュー記事がある。

　1面には、学校図書館に関する近況報告も見られる。創刊号では、「図書
部の教員」に対する一問一答が掲載されている。インタビューされた教員は、
蔵書数は新聞・雑誌を除いて600冊であると答え、「現在は校地拡張や運動等
のことにとりまぎれて、活動はしておりません。」といいながらも、「年度内
に千は集めたいですね。」と答えている。また、新刊は月に多くて10冊くら
い入るという。さらに、「第一に、本の増加、次に設備です。理想は別館が
ほしいのですが、せめて討論室がほしい。それから雑誌展覧する設備ですな。」
と回答している。また、1面には「日本の図書館」と題する記事が見られる。
目黒八中の「実践報告」では表2に示したように「7.　興味ある問題につい
ての統計をのせる。」とあり、数値を示しながら国内の図書館の近況につい
て報告している。

　このような多様な記事づくりを通して、「話す・聞く・書く・読む」の総

合的な言語運用能力、すなわち汎用的な言語能力の育成が図られた。新聞づくりは古くて新しい実践である。

2　新聞活用の歴史とこれから

　戦後の民主国家の建設を目指して、昭和20年代に試案として示された2つの学習指導要領には新聞が扱われていた。また、1948（昭和23）年に出された『学校図書館の手引き』（文部省発行）にも新聞の学習が示された。両者は、新教育の理念にふさわしいものだった。そこで、読売新聞社は、1950（昭和25）年9月末から11月末までの2ヶ月間を実験期間として、東京都内の中学・高校25校を「新聞教室」実験校に指定し、新聞を活用した授業の実験を実施してもらい、学習成果の検証に当たった。これは筆者の調査では、連合国総司令部の民間情報教育局（CIE: Civil Information and Education Section）の働きかけによって実施されたものであることがわかった[6]。そういう政治的な背景があるとしても、経験主義を重視する新教育運動の中にあって、新たな教育に賭ける実験校の教師たちの意気込みによって支えられたものとして特筆できる教育実践である。大村の実践はこのような時代の先進的な内容を含んでいる。

　なお、新聞教育は、1958（昭和33）年から続く全国学校新聞教育研究協議会（設立当初は全国中学校新聞教育研究協議会）があり、長く新聞づくりを中心に新聞教育の推進に取り組んできた。スクール・ジャーナリズムとして発展したものでもある。

　また、学校などで新聞を教材として活用する教育方法としては、NIE（Newspaper in Education＝エヌ・アイ・イー）がある。NIEは1930年代にアメリカで始まり、日本では1985（昭和60）年、静岡で開かれた新聞大会で提唱された。その後、徐々に広がり、全国で展開されている。NIEは、新聞を教材・学習材として活用することを中心にしつつも、新聞や新聞記者について学ぶことや、新聞づくりを通して学ぶことも含む。NIE事業は、全国47都道府県に教育界、新聞界の代表で構成されるNIE推進協議会が組織され、日本新聞協会が統括している。

このような歴史を持つ新聞活用であるが、これからは、各教科や総合的な学習の時間（高校では、総合的な探究の時間）において、論理的な思考力、創造的な思考力、批判的な思考力など、実社会・実生活に必要とされる汎用的な能力の育成を明確にすることにより、新聞の教材・学習材としての役割や意義は、より確かにものになっていくと考えられる。

四　授業づくりのヒントとこれからの課題

1　読書活動から読書指導への転換を図る

　読書活動は読書指導の１つである。これからは、読み聞かせ、朝の読書、書評合戦（いわゆるビブリオバトル）などを、教科や総合的な学習に位置付けるに当たっては、これらを単なる読書習慣を身につけさせる読書活動の範囲に留めないことが大切である。探究的な学習の要素を取り入れ、児童生徒の興味や関心を引き出し、知的好奇心をベースにしつつ、課題解決を図るために読むという、言い換えれば「探究的な読書」への転換が必要である。もちろん、楽しみのための読書を否定するわけではない。育てるべき資質・能力を明確にするとともに、実社会・実生活を視野に入れた「読書指導」として、授業をデザインしていく必要がある。

2　情報活用能力の育成に資する読書を推進する

　忘れてはならないのは、読書は娯楽的な読書であっても、情報活用を目的とした読書であっても、読書主体は学習者である点である。朝の読書のように他律的な読書であっても、やがて読書の楽しみを実感することができれば、自律的な読書行為へと転換する。

　探究的な読書は、読書主体の自律性を一層意図したものに他ならない。したがって、これからの「読書指導」では、スタート時点では「指導」という他律的な働きかけの性格が強くても、読書行為を自律的な読書行為へと転換させていくのもまた学習者であるということを教師自身が強く意識する必要

がある。

　つまり、これからの読書指導での教師の役割は、学習者の動機付けを図ること、興味・関心を引き出すこと、問いを立てるための助言などである。そのためには、教師はガイダンスを充実させること、課題の醸成や解決のために必要とされる情報資源に関する助言をすることが必要である。特に、ネット社会のいっそうの進展の中で、情報活用能力の育成は欠かせない。読書もまた情報活用能力に資するものとして位置付ける視点が必要である。

3　思考力・判断力・表現力に培う読書の学習プロセスをデザインする

　実社会・実生活においては、インプットは個人の努力で行い、アウトプットで成果を出す場面が多い。読書においても、インプットを通して練り上げたものを、様々な方法でアウトプットする経験を増やす必要があるが、まだ実践は少ない状況にある。思考力・判断力・表現力は、言語活動を通して培われる。アウトプットは、思考を外部に見えるようにする方法であり、学習者間の共有を前提にしている。

4　教科等の教育課程への位置付けを図る

　読書指導は、これまでの学級・ホームルーム活動などで行われてきた実践だけではなく、国語科や総合的な学習の時間など教科等の授業の中で、育成すべき資質・能力を明確にした読書指導として学習をデザインすることが必要である。

　あくまでも読書は手段であって目的ではない。そのためには、教科等の教育課程に位置付け、どの教科でどのような資質・能力を身につけるのか、また、どのような方法で行うのかについて、全教師が共有できるようにするためのカリキュラム・マネジメントが必要である。

注
　1）大村はま「読書指導の一つの試み―生徒読書新聞―」『中学のカリキュラム』
　　第3号、誠文堂新光社、1950年6月、50-51頁。

2）稲井達也「大村はまの読書指導に関する研究―戦後初期における単元「読書」と「読書新聞」の実践」『図書館界』61巻4号、日本図書館研究会、2009年、246-264頁。

3）大村はま「読書の技術」『大村はま国語教室第1巻　国語単元学習の生成と深化』筑摩書房、1991年、60頁。

4）大村はま「個人差に応じる学習指導」新光閣、1952年。（『大村はま国語教室第1巻　国語単元学習の生成と深化』筑摩書房、1991年、111-118頁。

5）大村はま「個人差に応じる学習指導」新光閣、1952年。（「国語の教室形態」『大村はま国語教室第1巻　国語単元学習の生成と深化』（筑摩書房、1991年、111-119頁）に収載）

6）稲井達也「NIEの源流としての新聞学習―1950年の読売新聞社による実験の分析」『日本NIE学会誌』第5号、日本NIE学会、2010年、1-10頁。

第三章
サブカルチャー(若者文化)を学習に取り入れる

森　美智代

一　授業において「文化の周縁」を扱う意義

サブカルチャーとは、『現代社会学事典』によれば、「下位文化・副次文化・準文化などと訳され、全体に対する部分、主流に対する傍流、高級に対する低級、中心に対する周縁といった意味を込めて語られてきた文化のあり方、もしくはその文化をシェアする人々」[1]のことを言う。特に大衆文化研究の流れにおいては、高級文化・正統文化に対立するコンテンツ(例えば、ライトノベル、娯楽映画、ポピュラー音楽、マンガ・アニメ、ゲームなど)をサブカルチャーと呼ぶ用法が浮上してきた。それらの主たる担い手が若者であったことから、若者文化と同義とされる場合もある。また、視覚メディアが大きな位置を占めることから、活字メディアに対するヴィジュアル・メディア全般を含意してサブカルチャーの語が用いられる場合もあると言う。

コンテンツに視点を置くならば、教材としての価値の追究、例えば教材として当該マンガにどのような価値があるのかを追究する必要がある。また、若者文化に視点を置くならば、(おそらく)若者でない授業者が、若者である学習者の文化に自ら参入し、どのような文化に学習者が生きているのかという学習者実態の把握が必要となる。一方、ヴィジュアル・メディアに視点を置くならば、活字メディアでは学ぶことのできない視聴覚情報の読解や作品の構成・構造から、教材的価値や教育内容を追究する必要がある。

こうしたサブカルチャーを対象とした教育の成果について松山雅子は、メディアを意識的に取り上げた2000(平成12)年以降の国語科実践を整理・俯瞰的にレビューした複数の文献から、以下のような特徴を見出し、整理して

いる²⁾。

①「「古典」と比べて明らかに文化的価値を欠いている」と見なされがち
　であった娯楽性に勝ったテクストの言語学習への積極的な導入
②写真、絵（絵本・絵図・動画のカット）等、既存の視覚的素材を解釈しう
　るテクストとして再定義し、読みの方法を明示し言語学習内に教材とし
　て位置づける試み
③メディアを「読むこと」と「書くこと」を不可分に位置づけたメディア
　制作学習やシミュレーション学習の導入

　①は、高級・正統な文化に対抗する周縁の文化の積極的な導入、②は活字
メディアに対するヴィジュアル・メディアの教材化、③は若者文化を基軸に、
知識注入型の学習から表現活動中心の学習への転換を図るもの³⁾として、先
の辞書的意味とも連係している。
　一方、日本において、最初に文化の「周縁」に対する積極的な意味を論じ
た山口昌男は、国語教師にとって馴染み深いロシア・フォルマリズムに触れ、
「詩的言語の探究は、意味作用における周縁性の発見に通ずるもの」⁴⁾と述べ
ている。ロシア・フォルマリズムにおける異化作用は、中心的な事物と周縁
的な事物を隔てている論理を破壊し、その一方で、中心的な事物の底に潜む
周縁的な意味作用を露呈させていくというのである。
　上記の①～③が示すのは、文化の周縁にあるサブカルチャーが、古典に象
徴される高級で正統な文化（あるいは、正統なテクスト／正統な文化に生きる
人々）すなわち従来型の国語教室との間にある隔たりを破壊し、「文化の構
造の中に生きる人間の自由について考察するための方法論的前提の提供」⁵⁾
を企図した授業実践の蓄積である。
　そこで本稿では、①～③を包含する授業実践を中心に実施年代順に取り上
げ、本テーマからみた、これからの時代に求められる探究型学習の要件を考
察したい。

二　授業実践例について

1　町田守弘「教室で『童夢』を読む」（高校3年「国語表現」、1991年実施）[6]

一年間のテーマとして「『子ども文化』をテクストとした表現研究」を掲げ、前期には、中島みゆきの歌詞、宮崎駿のアニメーション、ジム・ヘンソン監督の映画、ゲームソフト「ドラゴンクエスト」などを教材とした単元が実施された。その後期に実施されたのが、大友克洋のマンガ『童夢』（双葉社、1983年）の授業である。

1）指導目標（単元のねらい、教師の願い）

本格的なストーリーマンガを、小説教材と同じ指導過程で扱うことができるという仮説の下、学習者の興味・関心を引き出すために、挑発的で起爆力のある教材として『童夢』が選ばれた。

2）指導計画

(0)　夏休み中に作品を読んでいることを前提として授業を開始する。

(1)　第1時・普通教室での一斉学習

　5〜6名のグループをつくり、次のa〜iの研究テーマ別に1班〜9班を学習者の希望で編成する。各グループで研究テーマを分担した上で、研究計画を検討する。

　　a 物語　作品全体のストーリーを要約する。

　　b 人物　主な登場人物の特徴を整理する。

　　c 事件　主な事件について因果関係に注意して整理する。

　　d 背景　背景となった時間的・空間的特徴を整理する。

　　e 構成　全体の構成を整理する。

　　f 主題　主題について様々な観点から検討する。

ｇ表現　表現上の特色を整理する。

　　ｈ評価　作品がどのように読まれているか整理する。

　　ｉ作者　大友克洋について研究し作風等を紹介する。

　その後、作品に関する「問題意識」と「発見」をまとめる。学習者がまとめた資料は授業者が整理して、次の授業時間までに資料を作成する。また、「発見」は「ｈ評価」のグループの研究資料として用いることにする。

⑵　第2時・図書館でのグループ学習

　前時の授業を整理した資料を、「設問集」と「感想集」として配布する。

　研究計画に即して、グループごとに研究協議を実施する。

⑶　第3時・前時の続き

　次回からの研究発表に備え、グループごとに発表内容を整理し、分担を決める。発表はグループ全員が分担し、「発表資料」を作成し、準備を行う。

⑷　第4～6時・普通教室での一斉学習

　作成した「発表資料」を全員に配布し、1班につき15分を基準として順に発表する。

⑸　第7時・普通教室での一斉学習

　「『童夢』をどう読むか」というテーマでシンポジウムを実施する。その際、司会者一名、提案者3名をあらかじめ選出する。

⑹　第8時・視聴覚教室での一斉授業

　授業者が、前時までの研究発表について総括する。

　さらに、作者大友克洋の談話（アニメーション映画『アキラ』を語る）をビデオで紹介し、大友のアニメーション『アキラ』と『老人Ｚ』の一部を映像で紹介する。

　課題として『童夢』の作品論を書くよう指示を出す。

3）指導の工夫と特徴

　日本のサブカルチャーのコンテンツが、海外において「クール・ジャパン」ともてはやされるずっと以前の1991（平成3）年、マンガを教室に持ち込むことが今よりもずっと想定外であった時代に、マンガの教材としての価値を

見出し、実施された授業である。そのため、最も工夫されたのは、教材とするマンガ素材の選択であった。

　教材化において重要なのは、教材そのものが力を持っているかどうか、かつ、学習者の実態（資質・能力だけでなく生活実態も含む）に見合ったものであるかどうかにあると知られている。マンガ『童夢』は、娯楽と呼ぶには闇が多く、バブル期直前の日本のマンモス団地で起こったとされる出来事が不気味に描き出されており、含蓄のある多くの描写から、読み手にさまざまな問題を喚起させることを可能にしている。ゆえにマンガ『童夢』は、教室において、時代的・社会的な問題を扱う上で、力を持つ教材であったといえよう。

　また、学習者である高校３年の男子校の生徒にとって「挑発的で起爆力のある教材」（「刺さる」[7]教材、「エモい」[8]教材）という点においても、『童夢』は適切であったものと推測できる。大量の血や裂ける身体など、死の描写がグロテスクである点や、登場人物である老人をはじめ、より醜くおぞましく描き出されている点は、当時の少女マンガ受容層が好むものであったかは疑わしい。しかし、同時期のヒットマンガに『北斗の拳』（原作：武論尊、画：原哲夫）があることから、生徒らが読む本格的なストーリーマンガとしては、これらの描写が過激すぎるものではなく、むしろ切実さや現実感を追求し、世界観を表現する上で必要な描写であったものと推測できる。

　さらに指導においては、こうした教材の力を支えとして、学習者が自ら「問題意識」と「発見」を見出し、まとめる形をとっている。学習者が小集団でそれぞれの研究テーマを追究する単元展開となっているが、研究テーマに、物語の内容把握やテキスト分析的研究（a物語・b人物・c事件・e構成・g表現など）だけでなく、読者論的研究（f主題・h評価など）や、作家論的研究（d背景・i作者など）を置き、最終的に学習者が個々に作品論を書くという流れになっている。このことは、授業の展開の多くを学習者に委ねながらも、学習者を深い思考、深い読みへと導くための授業デザインが、授業者によって明確になされていることを示している。

2　遠藤瑛子「もうひとつの世界─『千と千尋の神隠し』の扉を開く─」(中学1年、2002年実施)[9]

　中学校1年生を対象に2〜3学期に実践された授業である。学習者の実態として、自分をなかなか表に出さないのに、友だちのことをあれこれと気にする傾向があった。人間関係のもろさから学校を休みがちになる生徒がいたり、自分を守るために友だちをけなすことばを発してトラブルが起きたりしたなかで実施された授業である。

1）指導目標（単元のねらい、教師の願い）

　平気で人を傷つけることばの暴力が飛び交う学習者実態から、そうした言葉がどれだけ人を傷つけるか、(「ことばの力」にもつながる) 言葉の重みや温かさを学ばせるための単元と教材を開発したいと考え、宮崎駿監督のアニメーション映画『千と千尋の神隠し』(2001年公開) にたどり着いた。

　教師の願いは、以下の2つである。すなわち「映画に類するもので心を解放し、ことばを認識させると、自然な状態で「ことばの力」がわかってくるのではないだろうか」という願いと、「責任をもつ (役割をもち、責任を果たす＝引用者注) という協同学習の力をさらに身につけさせ、今度は全員を何らかのプレゼンテーションのできる状態に育てたい」という願いである。

2）指導計画

(0)　事前調査として、この学習への希望やアイデア、言葉にはどんな力があると思うか、この単元への興味・関心度など、学習者の実態を質問紙調査し、整理している。

(1)　第1時・〔『千と千尋の神隠し』鑑賞〕テーマと役割

　　小集団 (4名) でテーマを決め、それぞれがテーマに基づいて見るための役割を決定する。

(2)　第2時・『千と千尋の神隠し』のビデオ鑑賞Part 1

　　①テーマと役割に従って、『千と千尋の神隠し』を鑑賞し、メモをとる。

②メモに基づいて見た場面での発見や考えたことを書く。
(3)　第３〜６時・『千と千尋の神隠し』のビデオ鑑賞Part２〜５

①テーマを再度見直し、変更するかどうか小集団で話し合う。

②「友だちからたくさん学ぶ」の学習プリント（授業中の発見や考えを記録させ、それをもとに授業の終わりに３〜４文でまとめさせたもの）で、見方や考え方、表現の仕方などテーマや役割に沿って役立つ箇所をみつける。

③『千と千尋の神隠し』の続きを鑑賞し、テーマや役割に基づいてメモをとる。

④「今日の感想」欄に係（役割）を明記し、見終わったところまでの発見、考えたこと、感想を書く。

(4)　第７時・『千と千尋の神隠し』を見た40の目

①前回のビデオ鑑賞感想の学習プリントを読んで、参考になる箇所を選ぶ。

②小集団のテーマと役割に従って、事実（説明）と区別した考え、意見、感想を書く。

(5)　第８〜９時・私たちが選んだ４シーン

①小集団ごとに「40人の目」の映画鑑賞文を読み合い、話し合い、意見を書く。

②小集団のテーマと役割に基づいて、相談しながら４シーンを選ぶ。

③ケント紙を使って絵コンテを描きながら、テーマを表現するために気づいたことや説明の表現方法（順序説明）を話し合う。

(6)　第10〜12時・私たちが選んだ４シーンの発表会

①相互評価のための観点を示した上で、小集団ごとに発表を行う。

②主人公・千尋の成長のもとになった「働くこと」と「言葉の力」について、どちらかに焦点をしぼり考えたことを小集団で話し合う。

(7)　第13時・４シーン発表会から学んだこと

①選択の苦労や効果のあった思いつき、説明の仕方、言葉の力などについて書く。

②印象に残った小集団に贈る200字作文を書く。

(8)　第14時・○○○○の詩とお楽しみ朗読会（続けたいという学習者の思い
　　　に応えて）

①セリフのない場面（ススワタリ、釜爺の釜炊き、銭婆を訪ねて）に詩を
つける。

②聞き手を意識した詩の朗読会を小集団で開く。

(9)　第15時・単元のまとめ

①話し合いのテーマを決めて『千と千尋の神隠し』の自由討論会をする。

②単元を終えての自分の成長や言葉への考えなどを、学習の手引きを参
考に書く。

３）指導の工夫と特徴

　学習者が生きる文化を教材化するサブカルチャーの教材化においては、少
し前に流行った文化ではなく、今生きている文化であるという同時代性が重
要となる。ゆえに、2001（平成13）年公開の映画をいち早く2002（平成14）
年に授業化している点が意義深い。それに関連して、学習者を中心とした、
学習者の意欲を原動力とした授業づくり・授業展開が徹底されており、「文
化の構造の中に生きる」自分自身を考察すること（「言葉の力」について考察
すること）を主軸として、単元が構想されている。その背景には、授業者に
よる繊細な学習者の実態把握があり、授業者の願いがあったという点も重要
である。

　学習者の読み深めについては、たとえば、湯屋の内部構造の観察から、「湯
婆婆だって人間（？）。欲もあるし、息抜きも必要。なにより、あれだけ多
くの従業員をかかえているのだから（省略＝引用者）」[10]という読みに至って
いることから、登場人物である湯婆婆に対する豪快・強欲な人間といった一
般的・表層的な読みとは異なり、働く母親、管理職にある人間（家父長制の長）
の生き様としての読みの可能性を見せている[11]。ここでも先と同様に、「小
集団でテーマを決め、それぞれがテーマに基づいて見るための役割を決定す
る」という授業者による手立てが、学習者自身による授業の展開だけでなく、

学習者を深い思考、深い読みへと導くようにデザインされていることが指摘できる。

3　森大徳「マンガを文学作品として読む―こうの史代『夕凪の街』教材化の試み―」（中学３年、2014年実施）[12]

「原爆を通して戦争を考える」という単元のうち、こうの史代のマンガ『夕凪の街　桜の国』（双葉社、2004年）の『夕凪の街』を文学教材として位置づけた実践部分を報告したものである。本稿では、可能な限り単元全体が見渡せるよう、指導計画を補足した。

１）指導目標（単元のねらい、教師の願い）

本単元で伸ばしたい言語能力として、①「何が書かれているかだけでなく、どのように書かれているかを捉える能力」[13]と、②「細部を読む観点とそれを全体の意味に昇華させる関係構成力ともいうべき読みの力」[14]の二つを挙げている。①は、主人公が戦後10年を経てなお生き残ったことへの後ろめたさ（サバイバーズ・ギルト）を抱え、思いを寄せる青年と相思相愛になったのもつかの間、原爆病を発症して絶命するまでのストーリーが、（語り手によって）どのように語られているかという視点から捉えようというものである。一方②は、何気ない日常の描写の積み重ねのなかに周到に組み込まれている伏線を、「マンガのコマ（非言語表現）」から読み解かせようとするものである。

２）指導計画

(1)　第１～４時・『父と暮らせば』（井上ひさし）を読む

　　生き残った被爆者がサバイバーズ・ギルトなどに苦しめられることなどを学ぶ。

(2)　第５～12時のうちの一部・マンガのコマ（非言語表現）を読み解く活動

　　主人公が自分用の半袖のワンピースを仕立て直すことを拒んだ理由が、左腕の傷を晒したくないことにあるということを、文字のない複数のマン

ガのコマから読み解く。細やかな非言語表現や伏線の可能性のある非言語表現を見つけ出すという学習活動である。

(3) 第5〜12時のうちの一部・マンガのコマ（非言語表現）について全体の文脈における意味を考える活動

　最後の5コマにおける非言語表現の連なり（はがれた「原子爆禁止世界大会」のポスターが川面に落ちるコマの連なりと、川辺にたたずむ青年のコマ、青年にもらったと思われるハンカチを握りしめたまま絶命した主人公の手のコマ）を物語最後の「このお話はまだ終わりません／何度夕凪が終わっても終わっていません」という言葉とともにどのように解釈できるかについて、グループで議論し、クラスで共有する活動である。（その後、論述文が提出されている）

(4) 第5〜12時のうちの一部・マンガのセリフ（言語表現）について全体の文脈における意味を考える活動

　物語の最後、主人公による心内語が文字のみで示された頁にある「十年経ったけど／原爆を落とした人はわたしを見て／「やった！　またひとり殺せた」／とちゃんと思うてくれとる？」を取り上げ、その解釈をクラス全体で議論する。この言葉に関連する箇所として、心内語が文字のみで出てくる最初のコマに「ぜんたい／この街の人は／不自然だ」とあり、「いまだにわけが　わからないのだ」と続き、「わかっているのは「死ねばいい」と／誰かに思われたということ／思われたのに生き延びているということ」とある。

　学習者からは、「またひとり」という言葉から「一人の死の重さを感じてほしい」や、「殺せた」という言葉から「明確な意志を持って殺したのだということを忘れないでほしい」とする解釈などが出た。

(5) 第13時以降・関連する評論教材への接続

　第13時以降は、関連するドキュメンタリー映画の鑑賞、「少女たちのひろしま」（梯久美子）、詩教材「挨拶」（石垣りん）の重ね読みを通して、評論「三つの集約」（石原吉郎）のいう「死者の接点」を自分たちが持つことが可能かを考える学習活動が行われた。

　具体的には、マンガ『夕凪の街』における学習者らの解釈（「「一人ひとり
の死」への認識」）を、石原吉郎の評論における類似の認識（「一人の死者と
いう発想」「ひとりの重み」）に接続するために、「戦争が私たちを少しでも
真実へ近づけたのは、このような計量的発想からわたしたちがかろうじて
脱け出したことにおいてではなかったのか」という文言を取り上げ、筆者
のどのような意識が読み取れるかを考える活動が行われた。

３）指導の工夫と特徴

　原爆投下を題材として、マンガ『童夢』と同様に、含蓄のある描写が読み
手にさまざまな問題を喚起させることを可能にする、力のある作品が教材化
されている。言語のみで一コマ当てる構成が言語表現を効果的に印象づける
一方で、複数の絵（非言語表現）を重層的に読み解くことで、言語化されて
いない心情等を考察することを可能にしている。

　授業においては、特に②の細部を読む観点とそれを全体の意味に昇華させ
る関係構成力の育成について、「非言語表現」という観点から段階的な展開が
デザインされていることが特徴的である。一方、①のどのように書かれてい
るかを捉える能力については、語り手への着目が弱かったこともあり、基礎
的な扱いにとどまっている。これはおそらく、原爆という題材の難しさと無
関係ではなく、加えて「一人ひとりの死」へとせり上がっていく学習者の思
考の方向が、語り手の機能を考察する方向とは異なることに起因している。

　また、「原爆を通して戦争を考える」という単元の特徴から、マンガを文
学作品として読むというだけでなく、随想、評論へとジャンルを超えて接続
している点も特徴的である。

三　授業づくりのヒントとこれからの課題

　授業実践を概観すると、サブカルチャーを中心とした文化の周縁なるもの
を教材とすることによって、学校文化の中心的な学習観（高級・正統な文化
を知識注入型で習得するという学習観）の瓦解は、比較的容易いものとなるこ

とがわかる。一方で、「読むこと」(鑑賞すること) 教育の中心には、教材の
コンテンツが何であるかにかかわらず、テクスト分析的な方法が位置づいて
いることが見えてきた。どんな教材に対しても、テクスト分析的に「読むこ
と」を教えるというのが、国語科授業の中心にありそうだといえる。そして、
それ以外に目を向けると、もう一つの中心ともいえる読者論的な方法や、作
家論的な方法等が見えてくる。しかし、テクスト分析的な方法であれ、読者
論的な方法であれ、それらは方法論にすぎない。冒頭で述べた「文化の構造
の中に生きる人間の自由について考察するための方法論的前提」にすぎない
のである。

　「読むこと」の方法論の習得という教育内容・教育目標が、学校文化にお
ける中心であるならば、若者文化における「読むこと」の営みが周縁として
作用することによって、新しい教育内容・教育目標を見出すことができるの
ではないか。そのためには、若者文化における「読むこと」の営みがどのよ
うなものであるのかを確認する必要がある。そこで以下では、テクストとし
てのマンガ・アニメの変遷と、読者によるマンガ・アニメ受容の変遷につい
て、紙幅の都合上、限定的かつ一面的にではあるが概観してみたい。

1　テクストとしてのマンガ・アニメの変遷と読者によるマン
ガ・アニメ受容の変遷

　テクストとしてのマンガ・アニメの変遷については、少年マンガ・アニメ
を中心にではあるが、小森健太朗が次のようにまとめている[15]。1980年代の
少年マンガにおいては、『週刊少年ジャンプ』を代表としたバトルものの作
風と、『週刊少年サンデー』を代表とした恋愛・日常ものの作風の二代人気
系列が主流であった。その後、2000 (平成12) 年前後から、「ジャンプ系」
に対抗するものとして「セカイ系」が勃興する。「セカイ系」は、大人にな
らない、成長を拒むタイプの物語である。一方で、「サンデー系」に対抗す
るものとして、ラブコメ・日常ものでは主題的であった恋愛要素を剥奪した
「空気系」が現れる。「空気系」もまた、大人にならない。このように2000年
代の少年マンガ・アニメは、「ジャンプ系」「サンデー系」「セカイ系」「空気

系」が四大潮流であったという。その後、「セカイ系」に、ひきこもりを主人公とする「閉鎖系」という潮流が生まれ、また、何度も時間をループする中で最善の世界にたどり着こうとする「ループ系」も流行るようになった。

　一方、読者のテクスト受容の変遷については、近年、「ゼロ年代批評」とカテゴライズされる2000年代の批評を、批判的に見直す取り組みが見られる[16]。大橋崇行によれば、ゼロ年代批評における重要な視座に「キャラクター」がある[17]。たとえば大塚英志は、「私小説」を典型として、一人称を「私」と書くと読者はそれが作者自身の反映だと考えると述べた上で、アニメ等においては「作者の反映としての私」は存在せず、「キャラクター」という生身でないものの中に「私」が宿っている」[18]と規定した。アニメ等において「私」が語る物語は、「私」についての物語ではなく、「キャラクター」についての物語である。こうした捉え（世界観）は、現在のSNSやオンラインゲームにおいて、本名（現実）とは異なるハンドルネームを用いることでもう一つの別の世界（仮想現実）を生きる若者たちを先取りするものであり、当時広く支持された[19]。しかし、大橋は、「キャラクター」という概念にテクストを回収することで、作中人物の実像と、そこで描かれた物語の具体的な内実との関連性に触れることができなくなることを問題視する。すなわち、ゼロ年代の議論は、「物語を論じ、物語論の側面からテクストを語るといいながら、むしろそこで語られている物語そのものが抱えている論理を語らないという逆説によって成立していた」[20]という。そして、こうしたゼロ年代批評が、批評史の中心にあった文芸批評的な方法を断ち切り、批評の衰退を招いてしまった可能性を指摘している[21]。

　このように、現代の若者文化における「読むこと」の営みと、学校文化の「読むこと」には、かなり隔たりがある。たとえば国語科教科書で扱う「読むこと」の教材の多くが主人公の成長物語であるのに対し、若者文化においては、成長を拒む、ひきこもりが主人公である。また、「物語そのものが抱えている論理」を語るのか語らないのかという対立・隔たりも見えてきた。しかし、この隔たりはマイナス面ではない。サブカルチャーを教材化することの意義は、このように両者を隔てている論理を破壊し、中心的なものの底

に潜む周縁的な意味作用を露呈させることにこそあるといえる。

2 「文化の周縁」からみた探究学習の要件

　教材発掘・選択については、学習者にとってどのような価値のある教材なのかが観点となる。学習者に興味関心を掻き立てる（「刺さる」）教材が、挑発的で起爆力のあるものである場合もあれば、日常の延長上にある「空気系」の物語である場合もあろう。その判断は、授業者が対象となる学習者の実態を見据え、どのような姿へと変容（成長）していってほしいと考えるのか（教師の願い）に依拠してなされるものである。

　さらに、「文化の周縁」を学校教育に持ち込むことによって、方法論の習得を中心としてきた「読むこと」の教育を見直す機会を得た。「読むこと」の方法論が「文化の構造の中に生きる人間の自由について考察するため」のものであるなら、学習者が文化の中に生きる自分自身や周りの人々を考察することを目指す「読むこと」の教育を探究するのも一つである。あるいは、方法論を追究するのであれば、その方法論が文芸批評の衰退や文学の終焉（学問的な営みからの脱落）を導くものではなく、「読むこと」が学問的な営みとして位置づくための国語教室をつくる必要がある。そのためには、「テクストそのものの内実と、そこで語られる物語を語ることに立ち返る」[22]学習、「物語そのものが抱えている論理を語る」学習を探究していく必要がある。探究学習は、授業の展開の多くを学習者に委ねるため、学習者は、経験的・感覚的な捉え（世界観）を自明視し、そこから脱却することが難しい。こうした学習者に、学問的な視座から変容をもたらし、学問する場と、学問することの面白さをつくり出すことが、国語科授業の役割であるといえる。文化の周縁を扱う授業づくりとは、学校文化と若者文化を隔てている先入見や自明性を問い直し、学問することの面白さを体感する学問の場づくりであるといえるだろう。

注

　1）大澤真幸・吉見俊哉・鷲田清一編『現代社会学事典』弘文堂、2012年、484頁。

２）松山雅子「社会文化的テクストに関する研究の成果と展望」全国大学国語
　　教育学会編『国語科教育学研究の成果と展望Ⅱ』学芸図書、2013年、387頁。

３）松山において③は、写真、絵（絵本・絵図・動画のカット）等を学ぶべき
　　表現技法に応じて実際に表現しながら習得していく学習活動を指す。本章で
　　取り上げた授業実践では、この点について十分に包含できていない。

４）山口昌男『文化と両義性』岩波書店、2000年、285頁。

５）同上、291頁。

６）町田守弘『「サブカル×国語」で読解力を育む』岩波書店、2015年、88-96頁。

７）「おニャン子クラブ」や「AKB48」などの国民的アイドルグループを排出し
　　たことで知られるプロデューサー秋元康が、ヒットする企画作りの秘訣を語
　　る際に使用した言葉。人々の心に響くことを「刺さる」と表現した。

８）「エモい」は英語のemotionalを由来に持ち、2018年頃からインターネットを
　　中心とした若者たちの間で使用が見られる用語。「感情が動かされた状態」、「感
　　情が高まって強く訴えかける心の動き」などを意味するという。

９）遠藤瑛子『思考力・表現力・協同学習力を育てる—主体的な学びをつくる
　　国語科総合単元学習—』溪水社、2016年、59-120頁。

10）同上、98頁。

11）『千と千尋の神隠し』を「ケア労働」や「依存労働」と「自立」の側面から
　　分析したものに、河野真太郎「戦う／働く少女たちの自由：宮崎駿と資本主
　　義の新たな精神」西田谷洋編『文学研究から現代日本の批評を考える：批評・
　　小説・ポップカルチャーをめぐって』（ひつじ書房、2017年、84-108頁）がある。

12）森大徳「マンガを文学作品として読む—こうの史代『夕凪の町』教材化の
　　試み—」『学校教育におけるマンガの可能性を探る』早稲田大学教育総合研究
　　所監修、学文社、2018年、33〜42頁。

13）齋藤智也「〈機能としての語り〉論がひらく『故郷』の立体的な〈読み〉」
　　日本国語教育学会編『月刊国語教育研究』（49巻502号、2014年）に基づいて
　　いる。

14）松山雅子「テクスト内の関係性を読み解く力の育み—表現形態としてのマ
　　ンガの再発見—」日本国語教育学会編『月刊国語教育研究』（49巻502号、
　　2014年）に基づいている。

15）小森健太朗『神、さもなくば残念：2000年代以降アニメ思想批評』作品社、
　　2013年、25-33頁。

16）小森や、佐々木敦『あなたは今、この文章を読んでいる：パラフィクショ

ンの誕生』（慶應義塾大学出版会、2014年）、西田谷洋編『文学研究から現代
日本の批評を考える：批評・小説・ポップカルチャーをめぐって』（ひつじ書
房、2017年）など。

17) 大橋崇行「ジャンルの変容と「コージー・ミステリ」の位置：ライト文芸
から見た現代の小説と批評」『文学研究から現代日本の批評を考える：批評・
小説・ポップカルチャーをめぐって』ひつじ書房、2017年、290〜310頁。

18) 大塚英志『キャラクター小説の作り方』講談社、2003年、28頁。

19) SNS（ソーシャル・ネットワーキング・サービス）とは、社会的なネットワー
クの構築を可能にするウェブ上のサービスを指す。オンラインゲームとは、
主にオンラインによるコンピュータネットワークを利用したゲームのことを
指す。ハンドルネームとは、インターネット上で名乗る本名以外の名前のこ
とを指す。

20) 大橋、292頁。

21) 同様に、田中実は、近代文学研究が文化研究（カルチュラル・スターディー
ズ）によって断ち切られたことを問題化している。田中実・須貝千里・難波
博孝編著『21世紀に生きる読者を育てる第三項理論が拓く文学研究／文学教
育　高等学校』明治図書出版、2018年、249頁。

22) 大橋、308頁。

参考文献

遠藤瑛子『思考力・表現力・協同学習力を育てる―主体的な学びをつくる国語
科総合単元学習―』渓水社、2016年。

大澤真幸・吉見俊哉・鷲田清一編『現代社会学事典』弘文堂、2012年。

大塚英志『キャラクター小説の作り方』講談社、2003年。

大橋崇行「ジャンルの変容と「コージー・ミステリ」の位置：ライト文芸から
見た現代の小説と批評」西田谷洋編『文学研究から現代日本の批評を考え
る：批評・小説・ポップカルチャーをめぐって』ひつじ書房、2017年。

河野真太郎「戦う／働く少女たちの自由：宮崎駿と資本主義の新たな精神」西
田谷洋編『文学研究から現代日本の批評を考える：批評・小説・ポップカ
ルチャーをめぐって』ひつじ書房、2017年。

小森健太朗『神、さもなくば残念：2000年代以降アニメ思想批評』作品社、
2013年。

齋藤智也「〈機能としての語り〉論がひらく『故郷』の立体的な〈読み〉」日本
　　国語教育学会編『月刊国語教育研究』502号、2014年。

佐々木敦『あなたは今、この文章を読んでいる：パラフィクションの誕生』慶
　　應義塾大学出版会、2014年。

田中実・須貝千里・難波博孝編著『21世紀に生きる読者を育てる第三項理論が
　　拓く文学研究／文学教育　高等学校』明治図書、2018年。

西田谷洋編『文学研究から現代日本の批評を考える：批評・小説・ポップカル
　　チャーをめぐって』ひつじ書房、2017年。

町田守弘『「サブカル×国語」で読解力を育む』岩波書店、2015年。

松山雅子「社会文化的テクストに関する研究の成果と展望」全国大学国語教育
　　学会編『国語科教育学研究の成果と展望Ⅱ』学芸図書、2013年。

松山雅子「テクスト内の関係性を読み解く力の育み―表現形態としてのマンガ
　　の再発見―」日本国語教育学会編『月刊国語教育研究』502号、2014年。

森大徳「マンガを文学作品として読む―こうの史代『夕凪の町』教材化の試み―」
　　『学校教育におけるマンガの可能性を探る』早稲田大学教育総合研究所監修、
　　学文社、2018年。

山口昌男『文化と両義性』岩波書店、2000年。

第四章
キャリアのデザイン

島田　康行

一　進路から生き方へ
―「キャリア教育」と「総合的な学習の時間」―

1 「キャリア教育」の登場

　今でこそ「キャリア／キャリア教育」という言葉はすっかり定着しているが、この言葉が使われ始めたのはそう古いことではない。

　文部科学省「小学校・中学校・高等学校　キャリア教育推進の手引―児童生徒一人一人の勤労観職業観を育てるために―」(2006 (平成18) 年)(以下、「推進の手引」と略称)の「まえがき」によれば「キャリア教育」という言葉が文部科学行政関連の審議会報告等に初めて登場したのは、中央教育審議会答申「初等中等教育と高等教育との接続の改善について」(1999 (平成11) 年)においてである。具体的には「学校教育と職業生活の円滑な接続を図るため、望ましい職業観・勤労観及び職業に関する知識や技能を身に付けさせるとともに、自己の個性を理解し、主体的に進路を選択する能力・態度を育てる教育（キャリア教育）を発達段階に応じて実施する必要がある」という文脈で「キャリア教育」という言葉が説明された。

　これ以降、文部科学施策にも「キャリア教育推進地域指定事業」(2004 (平成16) 年)、「キャリア教育実践プロジェクト」(2005 (平成17) 年)と「キャリア教育」の名を冠したものが次々と現れ、2006 (平成18) 年には冒頭に引用した「推進の手引」が公表された。ちなみに2004 (平成16) 年には「日本進路指導学会」が「日本キャリア教育学会」へと名称を変更した。「キャリ

ア教育」という考え方が、その名称とともに広く知られるようになったのは
この頃であった。

　「推進の手引」は「キャリア教育」を「児童生徒一人一人のキャリア発達
を支援し、それぞれにふさわしいキャリアを形成して行くために必要な意
欲・態度や能力を育てる教育」[1]、端的には「児童生徒一人一人の勤労観、
職業観を育てる教育」と、あらためて定義したうえで、「子どもたちが『生
きる力』を身に付け、社会の激しい変化に流されることなく、それぞれが直
面するであろう様々な課題に柔軟にかつたくましく対応し、社会人・職業人
として自立していくことができるようにする教育の推進が強く求められてい
る」と、その必要性を強調した。

　こうして初等中等教育における「キャリア教育」は本格化し、中央教育審
議会の答申「幼稚園、小学校、中学校、高等学校及び特別支援学校の学習指
導要領等の改善について」（2008（平成20）年1月）でも「社会の変化への対
応の観点から教科等を横断して改善すべき事項」の一つとして「キャリア教
育」を取り上げ、「子どもたちの発達の段階に応じて、学校の教育活動全体
を通した組織的・系統的なキャリア教育の充実に取り組む必要がある」とさ
れた。ただ、直後に告示された中学校学習指導要領（2008（平成20）年3月）
には「キャリア教育」の語は現れず、従来どおり「進路指導」の語のみが用
いられた。

　その後7月に閣議決定された「教育振興基本計画」が「キャリア教育の推
進」に言及すると、翌年に告示された高等学校学習指導要領（2009（平成21）
年3月）には、「生徒が自己の在り方生き方を考え，主体的に進路を選択す
ることができるよう，学校の教育活動全体を通じ，計画的，組織的な進路指
導を行い，キャリア教育を推進すること」が挙げられるなど、「キャリア教育」
の語が用いられるようになった[2]。

　中学校学習指導要領に「キャリア教育」の語が用いられるようになったの
は2017（平成29）年告示版からである。そこには、生徒が「学ぶことと自己
の将来とのつながりを見通しながら、社会的・職業的自立に向けて必要な基
盤となる資質・能力を身に付けていくことができるよう、特別活動を要とし

つつ各教科等の特質に応じて、キャリア教育の充実を図ること。その中で、生徒が自らの生き方を考え主体的に進路を選択することができるよう、学校の教育活動全体を通じ、組織的かつ計画的な進路指導を行うこと」とあって、「キャリア教育」とともに「進路指導」の語も使われている。両者は理念・概念、ねらいにおいてほぼ同義であるが、文部科学省「高等学校キャリア教育の手引き」(2011（平成23）年)（以下「教育の手引き」と略称）によれば、「キャリア教育」が「就学前段階から初等中等教育・高等教育を貫」いて実践されるものであるのに対し、進路指導は「中学校・高等学校に限定される教育活動である」と整理される。なお、小学校学習指導要領（2017（平成29）年）においても中学校のそれと同じ文脈で、「キャリア教育」の語が初めて用いられた。

　ここに至って、小学校から高等学校まで、学校の教育活動全体通じて、計画的、組織的なキャリア教育の充実を図るべきことが、学習指導要領にも明示されるところとなった。

2　「キャリア教育」と国語科の指導

　高等学校における自己のキャリアや進路についての学習は、特別活動や「総合的な学習の時間」を利用してなされることが多い。高等学校学習指導要領（2009（平成21）年）が「総合的な学習の時間」の学習活動について「例えば国際理解，情報，環境，福祉・健康などの横断的・総合的な課題についての学習活動，生徒が興味・関心，進路等に応じて設定した課題について知識や技能の深化，総合化を図る学習活動，自己の在り方生き方や進路について考察する学習活動などを行うこと」とするのを受けて、キャリアや進路に関するさまざまな学習活動が行われている。その授業デザインや実践に関する報告は数多く目にすることができる。また、「総合的な学習の時間」の指導計画においては「各教科・科目及び特別活動で身に付けた知識や技能等を相互に関連付け，学習や生活において生かし，それらが総合的に働くようにすること」とされ、国語科で身に付けた知識、技能の活用ももちろん期待されるところである。

　「教育の手引き」は「国語科を通したキャリア教育の実践についての基本的な考え方」を述べる中で、高等学校「国語科」の「目標を実現することによって身に付く総合的な言語能力は，『人が，生涯の中で様々な役割を果たす過程で，自らの役割の価値や自分と役割との関係を見いだしていく連なりや積み重ね』において，重要な役割を果たすことになります。その意味で，国語科の指導は，生徒がキャリアを形成していくために必要な能力や態度を育成するための基盤を身に付けさせることでもあるのです」として、たとえば「国語総合」の目標における「人間と人間との関係の中で，互いの立場や考えを尊重しながら，言語を通して円滑に相互伝達，相互理解を進めていく能力すなわち伝え合う力を高める」ことなどをキャリア教育に関わる部分として指摘している。

　国語科の指導が「生徒がキャリアを形成していくために必要な能力や態度を育成するための基盤」となることは明らかである。国語教育の立場からは、「総合的な学習の時間」に行うさまざまなキャリア教育の実践において、国語科の学習を通して身に付けた力をどのように活用し、どのように伸ばしていくことが可能か、また、他教科で身に付けた力とどのように関連させることが可能かを考えていくことが重要となろう。

　なお、高等学校学習指導要領（2018（平成30）年）において、「総合的な学習の時間」は「総合的な探究の時間」へと引き継がれることになった。学習者に自己の生き方と密接に関わる課題の探究に取り組むことを求める点で、キャリア教育としての側面がより強まっているということができるだろう。

二　授業実践例

　ここでは、中学校・高等学校におけるキャリア教育をテーマとする課題探究型学習の例として、札幌開成中等教育学校（札幌市）、椙山女学園中学・高等学校（名古屋市）、筑波大学附属坂戸高等学校（坂戸市）の実践を取り上げる。いずれも「総合的な学習の時間」を利用した実践である。

1　札幌開成中等教育学校の「自分プレゼン」

1）概要

　札幌開成中等教育学校は、札幌開成高等学校を前身として、2015（平成27）年に開校した市立の学校である。理数・英語の専門学科である「コズモサイエンス科」が設置され、スーパーサイエンスハイスクール（SSH）とスーパーグローバルハイスクール（SGH）を活用したカリキュラムが編成されている。また、国際バカロレア（IB）を活用して6年間の全ての授業を課題探究型の学習に転換し、公立中等教育学校で全国初となるIB認定校となっている（MYP認定は2017（平成29）年3月、DP認定は2018（平成30）年9月）。

　本中等教育学校は、主体性育成の理念をSELF（Stimulating Experience and Learning for the Future）と名付け、キャリア教育やその他の諸活動を通じて、未来社会に対応できる学び方を3年間で身に付けることを目指す。このプログラムでは「自分の学び、将来」について自分の力で考え、実践していくことが求められる。ここではSELFの一環として行われるガイダンス（面談）の中核をなす「自分プレゼン」に注目する。

　ガイダンスは高等学校相当の3年間を通じて次のようにデザインされている。

・1年目　①「コズモガイダンス」、②「自分プレゼンⅠ」
・2年目　①「自分プレゼンⅡ」、②「キャリアコミュニティガイダンス」
・3年目　①「自分プレゼンⅢ」、②「キャリアコンサルティングシステム」

「自分プレゼンⅠ〜Ⅲ」は夏季休業中の3者面談において実施される。

2）指導の目標、計画とその実際

　1年目（4年生対象）の「自分プレゼンⅠ」の目的は、「進学・就職で経験する面接に向けて、自己PR力を育成するため、自分を見つめ、言葉にする力をつける」とされている。自己を分析する力と、その結果を言語化する力の育成が目指される。

　自分を見つめる作業の一助として「コズモガイダンス」（5月〜7月）が設

定されている。学習者が任意の教師に面談を申込み、自分のキャリアについて相談するという仕組みである。この仕組みのポイントは、すべての教師が相談に応じ得る分野のキーワードをリストアップし、学習者はそのリストを基に面談を申し込む教師を選択する、という流れにある。この作業の目的は、学習者が主体的にキャリアを考えていくための課題の発見に置かれており、教師は学習者の話を聞いたうえで、さらに考えなければならないこと、調べなければならないことを助言する。面談の結果はSELF専用のノートに記録され、また次の面談につなげられていく。

　この作業を通して、学習者はキャリアへの意識を高め、自分の具体的な課題を見出していくのであるが、同時に、誰にどのような話を聞けばよいか、そのためにどのような準備が必要かを自分の力で考えることを経験することにもなる。そこにもこの活動のねらいがある。

　「コズモガイダンス」によって主体的に見出された課題も含めて、保護者と担任の教師の前で自己のキャリアについて語る活動が「自分プレゼンⅠ」である。学習者は次のような構成で5分の発表を行う。なお、発表用のスライド作りは6月から「プレゼンテーション」の1単位分を当てて行われている（SSH特例）。

①　自分の長所：長所や強みが生きた具体的なエピソードを交えて。
②　自分の短所：具体的な改善策や期待される効果なども交えて。
③　趣味：趣味を通して見えてくる人柄や価値観が伝わるように。
④　尊敬する人：自分の価値観が伝わるように。
⑤　将来の夢、志望大学等：目的意識が伝わるように。課題を踏まえること。

　発表後、保護者・担任の教師との質疑応答が5分間設定されている。保護者には質問の例として、「人生を通してやり遂げたいことをどのように考えていますか」「目的を達成するために高校生活をどのように過ごしますか」などが事前に示される。

　2年目（5年生対象）のガイダンスは「キャリアコミュニティガイダンス（年間12回）」と「自分プレゼンⅡ」で構成される。

「キャリアコミュニティ」とは、志望する進学先等の分野・領域別に形成される9つのコミュニティである。学習者がそのコミュニティ内でテーマを決めて討論したり、分野・領域について学んだりするという仕組みである。そこでは自分が志望する大学や教育組織、入試の内容等を調査し、お互いに発表しあうことで、大学での学びに対するイメージを具体化することが期待できる。

　この「キャリアコミュニティガイダンス」で進路に対する意識を高め、自分の具体的な目標を保護者と担任の教師の前で発表する活動が「自分プレゼンⅡ」（7～8月）である。

　発表は、まず英語（150語以上）でのスピーチ、続けて日本語のスピーチの順で行われる。スピーチの内容は次の4項目で構成している。

　①　自分が興味・関心のあること、自分が大切にしていること

　②　なぜそれに興味・関心があるのか、それを大切にしているのか

　③　エピソード（①によって自分や周囲にもたらされた変化や気づき）

　④　自分の将来とどう結びつけていくのか

　3者面談の場で、学習者が保護者に対して自分の興味・関心や自分が思い描く将来を英語と日本語で語るというこの活動は、保護者にとっても学習者の成長を直接感じることができる機会となっている。

　3年目（6年生対象）のガイダンスは「キャリアコンサルティング（随時）」と「自分プレゼンⅢ」（7～8月）からなる。

　「キャリアコンサルティング」は予約制の個別進路相談で、担当として配置された専門の教師に予約を取るところから始まる。面談を希望する学習者は、予約票にその理由や内容を具体的に記述することが求められる。

　そして「自分プレゼンⅢ」は3年間のキャリア学習のまとめとしての意味を持つと言ってもよいだろう。6年生の3者面談を担当するのは担任の教師ではなく、学習者が所属する「キャリアコミュニティ」担当の教師である。教師と保護者を前に学習者は自らの進路への思いを語る。その構成は次のとおりである。

　①　第一志望大学・学部等教育組織の紹介

②　志望の理由

③　成績の現状（模試の結果などを利用して客観的に）

④　出題傾向等の分析

⑤　進路実現のための取組み

　（必要な行動の整理。いつ何をどうするか。教科ごとの具体的な取組みなど）

　２年目（５年生対象）の「自分プレゼンⅡ」と趣旨や方法は同様であるが、内容は進路（進学）に対してより具体的になる。志望の理由も、自分が考える将来と結び付けた合理的な説明が求められる

３）指導の工夫と特徴

　３年間のガイダンスを通じて、自らの強みや弱みを見つめ、興味を関心にまで深め、具体的な学問領域を知り、志望大学や学部などを決定し、合格のためのプランを具体的に策定するという一連の活動に、学習者が主体的に取り組めるように設計されている。

　たとえば５年生対象の「自分プレゼンⅡ」では、学習者は興味・関心と自分の進路を結び付けて考え、その内容を説明することで自分を語らねばならない。具体的なエピソードを交えて、自分の考えを効果的に伝えることの難しさに直面することになるだろう。その上、英語・日本語の両方でのスピーチである。それぞれについて構成や修辞などの戦略が求められ、それぞれの言語の特質などにも考えを巡らすことになるだろう。高度な内容であるが、探究すべき課題がほかならぬ自らの進路であり、切実なものとして常に自分の内に在るという点が、探究を進める上での強みである。

　また、６年生対象の「自分プレゼンⅢ」では、自分の志望をより具体的に語ることが必要になる。説明のための綿密な準備が求められるのはもちろん、場合によっては、そのスピーチで保護者を説得する必要が生じることにもなる。学習者にとってこれほど切実な場面に遭遇する機会はめったにない。同時にそれは、そうした場面で自分が頼ることができるのは言葉だけであると知り、言葉を学ぶことの意義を、身をもって知る経験にもなるはずである。

2　椙山女学園中学校・高等学校の「人間になろう」

1）概要

　椙山女学園は名古屋市内に所在する私立学校である。1905（明治38）年、名古屋裁縫女学校として創設されて以来、地域の女子教育の一翼を担ってきた。1947（昭和22）年、新制の椙山中学校が開校し、翌48（昭和23）年、椙山女学園中学校と改称。また同年、椙山女学園高等学校が開校した。「人間になろう」という言葉は椙山女学園の教育理念であり、「ひとを大切にできる人間」「ひとと支えあえる人間」「自らがんばれる人間」の３つを兼ね備えた「人間」になるために、自ら考え学ぶことにより、「なろう」とする決意を表明・実践できる自主性・主体性の育成を目指している。

　本中学・高校ではこの「人間になろう」という言葉を「総合的な学習の時間」の名称として用いている。ここではその「人間になろう」における取組みを取り上げる。

2）中学校の「人間になろう」

⑴　指導の目標、計画とその実際

　中学校の「人間になろう」は、椙山女学園の教育理念の意味を深く追究し、現代社会を生きる１人の人間として、ものの見方・考え方の幅を広げ、自主的・自立的に行動する力の育成が目標となっている。社会を見つめ、将来にわたって社会との関わり方を考える力を身に付けさせようというねらいである。

　学年ごとに「人権」「環境」「国際理解・平和」を主要なテーマとし、自らの問題意識に沿って調査・研究を行い、まとめて発表するという活動が繰り返される。各学年にインプットとアウトプットの活動をバランスよく配置しながら、主体的に調査や発表を行う方法を学び、３年間の活動を通して、高校での個人研究の基礎をつくる仕組みになっている。

　たとえば、１年生では、地域理解や異文化理解をテーマとして、講義を聞き、資料を読み、フィールドワークを行って、適切な調べ方や情報の聞

き取り方を学習するとともに、学期ごとに行われるプレゼンテーションで、フリップやスライドの構成方法や効果的な表現を学習する。

　2年生で行う「環境」をテーマとしたフィールドワークでは、自ら対象を設定してアポイントメントを取り、取材を行い、結果をレポートにまとめることが求められる。取材の方法、聞き取った情報をさらに裏付けるための調査の方法、レポートのまとめ方などの学習が前提となっている。

　3年生では、修学旅行と関連付けた「平和」をテーマとする調査研究と発表、また職業体験を経て、3学期には3年間のまとめとなるプレゼンテーションを行う。それまでに取り組んださまざまな活動を振り返り、社会と自分との関わりをあらためて考える機会となっている。

⑵　指導の工夫と特徴

　繰り返される調査・研究と発表の活動を通して、学習者はフリップ、スライド、新聞など、多様な媒体を用いたプレゼンテーションを体験するとともに、レポート執筆の基礎についても学ぶ。こうして高校で個人研究に取り組む基礎がつくられるところには、中高一貫校の強みが生かされていると言える。

3）「個人研究」－高校1年生の「人間になろう」－

⑴　指導の目標、計画とその実際

　高校1年生の「人間になろう」では「個人研究」が行われる。ここでは「研究をすること」が「先人による知の蓄積に力を借りて、より良い未来を志向していくこと」であり、自分自身の「生き方を考えることにも繋がる」と位置づけられている。「研究」を進める過程の随所で丁寧な支援を行うことで、自分の生き方を考える「研究」が体験できる仕組みである。

　「個人研究」には「個人研究の手引き」（以下「手引き」と略称）という学習用の小冊子が整備されており、活動はこの「手引き」に沿って、次のような手順で進められていく。また、各段階ではワークシートも用意される。

０．研究とは何か

１．テーマを決め、問いを設定しよう

２．研究計画を立てよう

３．調査をしよう

４．中間発表をしよう

５．プレゼンテーションをしよう

「０．研究とは何か」を知ることは、初めて「研究」を体験する学習者にとって、活動全体を見通す上で非常に重要な学習活動となる。

「手引き」は「研究」を「あるテーマに基づいて１つの問いを掲げ、調査、分析、考察を経て、問いに対する結論を導き出すこと」と定義し、下線部のそれぞれについてさらに解説を加えている。またこの段階で「研究」には「研究目的」と「研究意義」が求められることが示され、「研究」の価値としての「独自性」と「重要性」について学ぶなど、学習者は「研究」に関する基礎的な内容を知るとともに、「個人研究」を遂行することの意味を明確に意識することになる。

探究的な学習に取り組もうとする時、最も難しいのはおそらく「１．テーマを決め、問いを設定しよう」という場面であろう。自分の生き方を考えることに繋がるような「研究」が体験できるかどうかは、適切な「問いを設定」できるかどうかにかかっていると言ってもよい。ここでは初めての「研究」の「問い」を、中学校の「人間になろう」で取り組んだ「人権」「環境」「国際理解・平和」のいずれかのテーマに基づいて設定することになっている。中学校の「人間になろう」を通じて、社会と自分のかかわりについて考え抜き、問題意識を育んだことが、自分だけの具体的な「問い」を立ち上げることを可能にしている。調べ学習にとどまらず、自分だけの「問い」を立てて「研究」に取り組んだ経験は、その後、各教科で行われる探究的な学習に生かされていくだろう。

この後の「２．研究計画をたてよう」では、自分の「研究」のテーマ、問い、目的、背景、方法、意義を明確にする。また、アンケートや取材の方法などの学習においては、中学時代にフィールドワークを行った経験が

生きてくる。こうした手順を踏んで、自分の「研究」について見通しを立て、「研究計画書」に仕上げていく。実際の調査を始める前に、これだけの綿密な準備を重ねることで、「研究」活動の円滑な遂行が支えられていると言える。

　調査がある程度進んだところで「4．中間発表をしよう」が設定されている。その目的は、途中までの成果について相互に意見を述べることで、調査に不足している部分やさらに掘り下げて考えるべき部分を明らかにすることにある。他者の「研究」への質問を考えることは、自分の「研究」を振り返るための視点を得ることに繋がる。「研究」のまとめに向けて重要なプロセスである。

　「個人研究」の締めくくりには「5．プレゼンテーションをしよう」が設定されている。すでに中学校の「人間になろう」の学習において、種々のプレゼンテーションに触れているが、ここではスライドを使った発表が想定されている。スライドの枚数と全体の構成、個々のスライドのレイアウトまで、詳細な支援によってよりよいプレゼンテーションのあり方が追求される。「手引き」には、スライド作成に際して「聞き手は話を聞きながらスライドを見ているため、多くの情報を追うことはできません」といった助言や、発表に際して「あいづちを打ちながら聞くこと」「質問を考えながら聞くこと」といった、聞き方に関する指示もあり、参加する全員にとって、プレゼンテーションが有用なものとなるよう配慮されている。

⑵　指導の工夫と特徴

　本実践の特徴の1つは、入念に作り込まれた「手引き」や「ワークシート」にあると言ってよい。近年では「総合的な学習の時間」を利用して課題研究などの探究的な学習に取り組む高校も増えている。指導の参考となる手引きも何種類か市販されているが、独自の手引きを用意している高校も少なくないだろう。その場合、探究的な学習が持続的に目的をよく達成し、効果を上げることができるかどうかは、手引きの内容にかかっていると言ってもよい。内容を精選し、必要不可欠な情報を簡潔にまとめたものであることがポイントだ。手引きにはマニュアルとしての一面もあるが、

教師の知恵の結晶でもあるはずだ。繰り返されてきた指導改善の蓄積でもあるはずだ。指導を持続するためにも手引きの類を整備することは重要だろう。

　本実践で使用される「手引き」は、上にも見たように、各段階における活動の詳細や留意点、作例が豊富に掲載されており、学習者はそれぞれの活動についてイメージが持ちやすいように工夫されている。また、参考文献も挙げられているので、発展的な学びにも繋がりやすい。

　「総合的な学習の時間」としての「個人研究」のまとめはプレゼンテーションであるが、「手引き」の巻末には「【参考】論文を執筆しよう」がある。「論文とは」から始まり、「論文の組み立てを知ろう」「基本的な構成を知ろう」「論文を書くときの注意点」まで、丁寧な支援になっている。実際に「国語総合」の授業では「個人研究」の成果を論文にまとめる取り組みが行われており、この部分はその中で活用されている。

　「個人研究」で学習者が立ち上げる問いは多岐に渡ろうが、レポートを書いたり、プレゼンテーションをしたり、結果を論文にまとめたりする活動を支える力は「国語」によって培われるものだ。この「手引き」からは、さまざまな教科の教師の協働と、その中心として全体をまとめる「国語」教師の姿を窺うことができる。

3　筑波大学附属坂戸高等学校「キャリアデザイン」

1）概要

　筑波大学附属坂戸高等学校の「キャリアデザイン（以下、CDと略称）」（総合的な学習の時間）は、1年次における総合学科の必修科目「産業社会と人間」とともに、キャリア教育の一環として、社会の中で自分はどう生きるのかを考えることを目的として実施されたプログラムである。「産業社会と人間」が2年次以降の科目選択を見据えるものであるのに対し、「CD」は学習や社会的スキルを身に付けることを主眼とする。「その両者で目指すのは、混沌とした世界を生き抜く人間としての基盤を作ることである。このことは意識には上らないが生徒自身の内に存在している学ぶために必要なやる気や興

味、好奇心等を引き出すことと言い換えられる」[3]。

２）指導の目標、計画とその実際

　「CD」は2011（平成23）年、必履修科目としてスタートし、2015（平成27）年から2017（平成29）年までは「総合的な学習の時間」として実施された。卒業研究を見据え、学習や種々の社会的スキルの習得を目指すことを原則としながら、重点をおいて育成を目指す資質・能力は年次ごとに定められた。なお近年は３学期に設定されているカナダへの校外学習を見据え、「地球市民性の醸成」も目的に加えられた。

　たとえば2017（平成29）年度は、①調査の基本を体験しながら学ぶことで学びのスキルを身につける、②校外学習の事前学習を通して視野を広げ、多様な価値観の中で主体的に生きる力を養う、という２項目を重点とし、生徒には次のような具体的な目標が示された。すなわち、(a) 自ら調べることの面白さを体感する、(b) 筑坂での学びのスタイルを身につける、(c) 校外学習を充実させるために必要な知識や態度を身につける、である。

　年間を通して見れば、１学期は目標 (a) (b) に向けて、２学期以降は徐々に (c) に移行する。また１学期は、調査を行ううえで必要なリサーチ・スキルのガイダンス、個人で調査したレポートのまとめと、いずれも個人ベースの活動によって基礎を養い、２学期以降はグループによる調査、発表に移行する。３学期にはグループで協働してテーマを考え、与えられた時間に自分たちだけの価値を見いだそうとする活動に至る、という計画である。

　学期ごとの活動は次のように進められる。
　１学期：リサーチ・ガイダンス、個人調査、レポート批評会
　２学期：カナダリサーチ・ガイダンス、文献購読、カナダリサーチ等
　３学期：カナダ自主研修行程作成

３）指導の工夫と特徴

　初めて調査研究を行う生徒にとって事前のガイダンスは非常に重要である。１学期の「リサーチ・ガイダンス」はその機会となるが、ここでは２名

の教員がチームを作り4つのクラスを回って説明を行っている。説明の内容は、①多様な分野・領域における研究の特徴、②レポート・発表の仕方、③テーマの決め方・進め方である。そして、①では過去の「卒業研究」の実例を、②でも卒業生のレポートの実例を用いる点に大きな特徴がある。実例を見せて、それぞれのよい点や改善点を考えさせながら説明を行うことで、生徒の理解度を格段に高めるとともに、強い動機付けを与えることが期待できる。

　研究活動の成果については、レポート批評会の場で相互に評価を行うことになる。他者のレポートを読んで評価することは、自らのレポートを客観的に評価し、改善して行くためにも重要な過程であろう。また、他者のレポートや発表に大いに学ぶとともに、他者の助言によって自らのレポートの改善点に気付く体験を重ねることで、協働の大切さを実感することにもなるだろう。

　2学期以降は、カナダでの校外学習に向けて、カナダに関する文献調査、発表、自主研修内容の検討、発表といった活動が続く。1学期に学んだ調査研究の基礎について、その定着と深化を図るとともに、「地球市民性の醸成」を目指し、他国の事物や文化を多面的に見ることを学ぶことが目的となる。「カナダリサーチ・ガイダンス」はその目的を学ぶ機会となり、その後の「文献調査」、「カナダリサーチ」への円滑な導入が図られている。

「文献調査」は、個人で文献を読むだけでなく、グループごとにテーマを決めて文献を読み、読み取った内容を他者に伝え、共有する活動である。他のグループの発表を聞き、質疑応答を重ねることで、カナダに関する様々な知識が整理され、共有される。この活動を通して「カナダリサーチ」で扱うトピックが絞られていく。

　「カナダリサーチ」では、主体的に設定したトピックについて調査を行い、その結果をスライドにまとめて発表する。発表の完成度を上げるために、発表会を複数回設定するところに工夫がある。まずは分野別に発表会を行い、他グループの発表を参考にしたり助言をもらったりしたりしながら自グループの発表を練り直す、そのうえで分野混合の発表会に臨む、という仕掛けであ

る。

　３学期の「カナダ自主研修行程作成」や、関連するレポート作成では、１学期のレポート作成、２学期のグループ発表によって身に付けたスキルを活用し、より確実な定着が目指される。校外学習後にも自主研修報告会、個人レポート発表会が行われ、その都度振り返りの時間を設けることで、必要となるスキルの向上を図る機会が確保されている。

三　授業づくりのヒントとこれからの課題

1　「要」としての国語科

　「総合的な学習の時間」を利用したキャリア教育の取組みは広く行われている。そこに探究学習が組み込まれることも多い。他のテーマを扱う場合と比べれば、探究すべき課題が自らの進路という切実なものとして常に自分の内に在るという点は強みである。具体的な課題を見出すように導くことができれば、学習者は自ずとそれに真剣に向きあうことが期待できる。

　探究活動を進めるために、国語科のみならず他のすべての教科と協働が必要となる点は、他のテーマを扱う場合と変わりがない。キャリアや進路をテーマとした探究活動でも、記録、要約、説明、論述といった言語活動が中心になることはここまでに見たとおりであり、国語科はその基礎を培う点で大きな役割を負っている。キャリアをテーマとした探究学習は、学習者の進路に直結するものと言ってよく、その充実のために国語科で育成する力が重要な意味を持つことは明らかだろう。

2　３年間を通した学習計画

　キャリア教育は、学校の教育活動全体通じて、計画的、組織的に行い、充実を図るべきものとされ、学校全体のカリキュラム・マネジメントと大きく関わっている。ここで取り上げた３つの実践も、いずれも３年間の学習を見通して設計されている。３年間のキャリア教育において、どの段階で何をどの程度身に付けるのか、その指導計画に応じて、そこで求められる国語の力

を見きわめ、適切な言語活動を位置づけることが重要だろう。

3　キャリアをテーマとすること

　高校生にとって自らの進路がきわめて切実な、重い問題であることは言うまでもない。探究すべき課題が切実なものとして内に在る点は、探究学習に取り組むうえでの強みであると繰り返し述べたが、進学先、就職先をどうするかという現実の問題に突きあたったとき、そのテーマがかえって困難に転ずることも想像に難くない。

　それも踏まえたうえで、学校の教育活動全体通じて行うキャリア教育の一環として、キャリアや進路をテーマとした探究学習を企図するときには、まず「生徒が自己の在り方生き方を考え、主体的に進路を選択することができるよう」にするという高等学校におけるキャリア教育の目標が明確に意識され、常に振り返られることが求められよう。そうして実現される探究学習は、国語科で育成する種々の力を社会の中で生きてはたらく力へと高めることにもなるだろう。

注

　1）ちなみに「キャリア」は「個々人が生涯にわたって遂行する様々な立場や役割の連鎖及びその過程における自己と働くこととの関係付けや価値付けの累積」、「キャリア発達」は「発達とは生涯にわたる変化の過程であり，人が環境に適応する能力を獲得していく過程である。その中で，キャリア発達とは，自己の知的，身体的，情緒的，社会的な特徴を一人一人の生き方として統合していく過程である」と、それぞれ定義されている。

　2）この経緯は文部科学省「高等学校キャリア教育の手引き」（2011（平成23）年）に詳しい。

　3）北原立朗・塗田佳枝ほか「平成29年度「産業社会と人間」「キャリアデザイン」「校外学習」実践報告」『筑波大学附属坂戸高等学校研究紀要』第55集、2018年）。

第五章
環境問題を考え、この星の未来を切り拓く

佐野　幹

一　探究テーマについて

1　テーマの背景

　新学習指導要領では、「持続可能な社会の担い手」の育成が全体の理念として掲げられた。これはESDの理念を踏まえたものであり、ESDでは、持続可能な社会づくりに向けて、環境・貧困・人権・平和・開発といった課題を自らの問題としてとらえ、解決するために必要な能力や態度を育成することが求められる[1]。本章のキーワードである「自然・環境・地球」をテーマとした探究型の学びは、子どもたちが「予測が困難な時代」を生き抜くための力を身につけ、「持続可能な社会の担い手」となるために一層の充実が期待されている。

　しかし、「持続可能な社会」などと声高に叫ばずとも、私たちの周りを見渡せば、地球環境や自然環境問題への対応が喫緊の課題となっていることは明らかだろう。気候変動による未曾有の自然災害、2011（平成23）年の最悪レベルの原発事故、PM2.5による大気汚染、プラスチックごみ等、さまざまな環境問題は、私たちや子どもたちの今現在の生活や生命に極めて深刻な影響を及ぼしている。子どもたちの、現実の生活に生きてはたらくことばの力を育てることを目指すならば、国語教育では、生活の中にあるこれら現実的な問題を解決する力を育てる必要がある。

　それでは、ことばの教育としての国語教育が環境問題においてできることはなにか。あるいはどのようにして課題解決の力をつければよいのか。少なくとも、環境問題という正解が用意されてない課題に立ち向かうには、従来

の知識伝達型の授業では不十分であり、学習者自身による問題発見や探究を重視した学びが求められる。本稿では、これまでの実践史から、環境をテーマとした探究学習の可能性と課題を探ってみたい。

2　これまでの実践

　本テーマに関連する戦後日本の各教科等における教育史研究は「環境教育」の立場から市川智史の研究がある[2]。市川は、1970年代を「創成時代」、1980〜1990年代を「普及時代」、2000年代を「枠組み拡大時代」と時代区分している。要約して示すと、「創成時代」は社会科を中心に公害・環境問題に焦点が当てられた時代であり、「普及時代」は、地球環境問題と都市・生活型公害がクローズアップされ、地域素材を取り上げた実践や「体験」を重視し、飼育栽培、環境美化・清掃活動を取り入れた実践が行われた時代。「枠組み拡大時代」は、ESDの取り組みが開始され、新設された「総合的な学習の時間」においてその実践が重要な課題となった時代である。

　近年では、2008（平成20）年の中学校社会科・理科の指導要領改訂で「持続可能な社会」が明記されたことで、概念的、内容的に教育内容の拡大、充実が図られ、東日本大震災を契機として「資源・エネルギーに関する学習」への関心の高まりがみられるという。一方、「総合的な学習の時間」では、学校間で取り組みの格差が広がっており、現状として「分別回収（リサイクル）、美化清掃、飼育栽培に終わっている可能性が高い」と問題点も指摘している。

　市川の研究では国語科は調査・考察対象となっていないが、肝心の国語科ではこれまでどのような実践がなされてきたのか。戦後から現在にかけての雑誌・図書に発表された実践記録・論文から、大まかな傾向を以下に示すこととする[3]。

　国語科教育の中で、環境問題へのまなざしが生まれるのは、他教科同様、1970年代前後となる。深刻な公害の社会問題化を背景として、公害問題を題材にした作文が見られるようになったのだ。1972（昭和47）年の『作文教育』を読むと、教室で子どもたちが選んだ作文のテーマは、公害問題が「圧倒的

に多かった」という報告がなされている[4]。

　この時期には教科書教材にも変化が表れる。それまでの説明的文章における「自然」は、人間の闘い相手として、征服し、開発する対象として表象されていたが（たとえば、「大自然にいどむ」（『小学校国語六年下』学校図書、1968年））、1970年代以降には、「自然」を生態系としてとらえ、人間との調和を説く文章が登場する（たとえば、伊藤和明「自然を守る」（『小学新国語六年上』光村図書、1974年）や宮脇昭「自然と開発」（『中学校現代の国語　最新改訂版2』三省堂、1975年））。

　教科書教材の変化にともなって、教育実践においても環境問題を題材とした授業が行われるようになっていく。もっとも、その多くは読解を目的とした、筆者の主張や文章構成等を受容的に読み取らせる授業であり、探究的な学びとはほど遠い。しかし、中には教材文を読み、それについて感想文や意見文を書かせる授業や発展的に資料を探索して自然環境問題について調べる学習も見られるようになった。

　1980年代後半から2000年代前半にかけて、国語科でも「環境」が盛んに採り上げられる時期をむかえる。1989（平成元）年の学習指導要領で、話しことばの教育が重視されたことを契機に、パネルディスカッション、ディベート、討論等に光が当てられ、その格好の題材として「環境問題」が選ばれたのである。また、1996（平成8）年に中教審によって「生きる力」の育成が強調され、環境問題への対応が求められると、環境をテーマとした課題解決型の学習が模索されるようになる。これらの授業の典型は、説明的文章を読み、環境問題への関心を高め、課題を設定し、調べ学習を行い、発表する、という一連の流れをとっている。一方、「総合的な学習の時間」と「国語科」との連携のあり方が議論される中で、実用的な言語技能の育成を国語科の役割とした実践も多く見られる。

　2010年代以降は、このテーマに関する実践記録の数は減少し、国語科の枠の中で推薦文や紹介文を書くことをゴールとして説明的文章を読み取る実践等が報告されている。

　以上、戦後から現在にかけて概観すると、国語科教育における実践の特徴

には大きく2つの方向があったといえる。1つは、環境問題をテーマに、その知識や認識を広げ、深める方向、つまり内容や価値を追究していく方向である。教材文を読み、発展的に問題について調べ学習を行うものなどがこれにあたる。もう1つは、環境問題を素材にして言語技能の育成を図る、あるいは問題の解決を図るために言語技術を用いる方向である。ディベートの授業や教科横断的な課題解決型学習での、インタビューやレポートによる報告などがこれにあたる。これらの授業は、確かに「環境の保全に寄与する態度」を養い、言語技能を育成することができるが、他方で考えなければならない問題もある。前者の場合は、内容や価値を追究するあまり、いつのまにかことばを育てるという観点が抜け落ちてしまったり、「一人一人の心がけ」というような決められた価値観に導く授業になってしまったりするケースである。後者の場合は、技術を教え込むことが優先され、思考を働かせて問題を解決する場面が設けられていなかったり、環境問題を自らの問題としてとらえる態度が不問にされていたりするケースである。これでは「環境問題」を扱う必要がなくなってしまう。

では、どうしたらよいのだろうか。今回、調査した実践記録の中には、上記の問題を克服するためのヒントとなる報告があった。次節ではそれらの中で工夫が凝らされた3つの実践を紹介したい。

二　授業実践例について

1　水野美鈴「国語科総合単元「地球環境の危機と私たち」―環境問題をテーマにした物語を作る学習―」（中学校2年）[5]

1）指導目標

本実践は、中学2年生を対象に、環境問題への認識を深め、自分の考えを物語の形式で表現させた実践である。報告では「学習のねらい」として次の3点が挙げられている。

⑴　地球環境の危機的状況を理解し、環境問題について考える。

⑵　自分を取りまく事象についてものの見方や考え方を深め、主題がはっ
　　きり分かるように物語をつくる。

⑶　文章の論理的な構成や展開を的確にとらえ、内容を理解する。

　この単元が設定された主な理由の１つに、学習者の問題に対する受動的な
姿勢が挙げられている。それは、実践者の水野によると「発表や作文の多く
が、資料を写しただけのものであったり、「地球環境を守っていかなければ
いけないと思いました。」という表面的で、決まりきった結論で終わってし
まっていて、消化された自分の意見にまで深まっていない」というものだ。
このような実態を考慮し、「環境問題を自分に引きつけて考えてほしい」と
いう思いからこの単元が組まれている。

　環境問題で主題単元を指導したことがあれば、同じような状況に頭を悩ま
せた教師も少なくないだろう。学習者の認識を深めさせようとする際に、自
らの問題としてとらえ、自分の考えを形成させるにはどうしたらよいのだろ
うか。本実践は、それを「「言語の力」を十分に育てる学習」によって実現
させており、　本章にとって示唆に富む実践となっている。

２）指導計画

　全11時間扱い。本実践を活動内容で分けると、大きく４つに分けることが
できる。

⑴　環境問題の理解と調査の指示（第１時）

　　「環境問題に対して関心を起こさせる」ために、マンガやビデオを教材
　　として学習者に視聴させ、その後、調査プリントを配布して、ゴミや消
　　費エネルギーについて自分たちの家庭の実態を調査することと環境保護
　　に関連する資料を収集することを指示する。

⑵　調査結果の発表（第２時）

　　調査結果について、気づいた点や感想を発表する。

⑶　説明的文章の読解（第３〜５時）

　　「環境問題への理解を深め、説明的文章を読解する力を養う」ために、

段落毎に切り離し、並び変えた文章を復元させる方法によって「地球環境の危機」を読解する。

⑷　環境問題をテーマにした物語づくり（第6〜11時）

これまでの調査や読み取ったことをもとにして物語を作成する。

3）指導の工夫と特徴

　KJ法を考案した川喜田二郎は『発想法』の中で、「何が問題か」を自覚するため、つまり問題を認識するためには、資料等を収集・調査する活動である「外部探検」と、頭の中を探検し、それを表出させることで問題を確かめる「内部探検」が重要だとする[6]。本実践をこの「外部探検」と「内部探検」という概念でとらえると、実践の有効性が理解しやすくなる。

　本実践では、第1時の後、4週間という時間を確保し、「外部探検」を行わせている。自分たちの家庭の実態調査と環境保護関連の資料収集である。家庭の実態調査では、ゴミの量、種類、分別具合や電気・ガスの使用時間等、無理のない範囲で身のまわりを調べさせた。水野はこの活動の意図を「日々の生活の営みが環境に影響を与えていることを足もとから考えさせたかった」と記しているが、このようなアプローチによって、学習者の意識が生活に方向づけられ、資源の問題を自らの問題としてとらえることが可能となったと考えられる。また、資料収集に関しても、新聞や雑誌などの関係のある情報にあたることを指示するだけでなく、さまざまなメディア（図書、絵本、ビデオ、学習マンガ）や、情報が収集できる施設を紹介しており、広く関係のありそうな情報の集め方も教えている。さらに第2時には、発表の場を設け、各自で得られた調査の成果を持ち寄り、情報交流も行っている。このように「外部探検」を活発化させ、ねらいを達成させるための土台をしっかりとつくっているのである。

　では「内部探検」ではどうか。川喜田二郎の場合は「内部探検」として、想起したことを書き出し、問題を構造化させ、それを短い1行に圧縮して表現する方法を紹介しているが[7]、本実践の場合は学習者の問題意識を物語形式で表現させている。物語であれば、素直に表現できない中学生でも、「客

観的に対象を見つめることができると同時に、自分の内面をさらけ出しやすくなる。」と言う。いわば、発達段階を考慮して「内部探検」の方法を選択していたことになる。また、いきなり物語を作成させるのではなく、物語の構成を学ばせるために絵本を読み聞かせることから始め、数行の素案を作成し、それをクラスで共有したり、構想表に下書きを書き、グループで相互に検討させたりしており、手順を踏んで学習者の表現を鍛えつつ、問題への認識を深めさせている。作成した物語は、朗読で発表し、相互評価をしたうえで、振り返りを行わせており、自己の言語能力を点検し次の学習につなげるための指導も怠っていない。

　なお水野は、この物語づくりによって次の「言語の力」が養えるとしている。

・物語として表現するために積極的に素材を探し、自分の考えを深めることができる。
・主題をまず考えさせることにより、物語を通して何を訴えたいのかを考え、明確な文章が書ける。
・対象となる読者を「大人」「同学年」「小学生」「幼年」と分けて想定させることにより、相手意識が明確になるとともに、分かりやすいことばで表現できる。
・起承転結の構成で書くことで、全体の構成を工夫し、山場のある物語が表現できる。
・登場人物の心情や場面の状況が分かるように叙述の仕方を工夫するようになる。
・発表会の際には、読み方を工夫して朗読することができる。

　環境をテーマにした調べ学習において陥りがちなのが、複数教材を準備することで手一杯となり、発表や表現活動の指導がおろそかになってしまうことである。それに対し本実践では上記の「言語の力」を観点として発表や表現活動の指導や評価を行っていたと推察できる。

実践記録には学習者が作成した「お化けの森」と題する物語が掲載されており、森林と人間との共生を訴えた読み応えのあるネイチャーライティングに仕上がっている。

以上、「外部探検」と「内部探検」を組み合わせ、その過程を丹念に作り込むことで、表現（「言葉の力」）を鍛えながら自らの考えを深めさせた実践を紹介した。注文をつけるとすれば、第3～5時の「説明的文章の読解」を、宮沢賢治などの「物語文の読解」にして、自然・動物・環境がどのように語られているのかを読み取り、物語づくりにつなげた方が一貫性のある単元になると思われる。

2　井上雅彦「「総合的な学習の時間」と国語科主題単元」（高等学校1～3年)[8]

1）指導目標

本実践は、高校生を対象に、3年間という長いスパンの中で、教科等横断的な探究学習によって「伝え合う力」を育成し、「環境」というテーマを深めさせることをめざしたものである。学習者は、「国語」「現代社会」等の教科や「総合的な学習の時間」、それから進路選択といった教育活動全体の中で、「伝え合う力」を身につけ、「環境」への認識を広げたり深めたりしながら成長を遂げている。

「総合的な学習の時間」や他教科と連携した場合、国語科の役割は、実用的な言語技能の育成に限定されやすい。しかし本実践では、系統的に言語能力を身につける機会を担保しつつ、内容や価値の追究が行われており、両者の統合が図られた実践となっている。それを可能にしたのがカリキュラムである。

2）指導計画

では、カリキュラムはどのようになっているのか。以下の図は、国語科の「3年間の学習指導計画（一部抜粋）」（244・245頁）である（本章の都合で〔　〕内に言葉を補った。また省略した箇所がある）。縦の列にテーマを置き、横の行

に目標とする言語能力である「伝え合う力」を４つ（①生み出す力、②文字言語で伝え合う力、③音声言語で伝え合う力、④補い、整理する力）に分けて並べている。

　一見して、ディベート、バズセッション、プレゼンテーション等、さまざまな活動が用意されていることが分かるが、これらの言語活動は、「総合的な学習の時間」（「全校読書会」のディベート）で活用できるように配列している。基本的な事項の確認から発展的な技術へと学習段階を十分に考慮したうえで、「伝え合う」ための技能が身につくように系統立てて配置しているのである。「①生み出す力」として、「受容」、「吟味」、「意味生成」という情報の処理の過程を段階的に取り扱っている点や、「④補い、整理する力」として、「情報の収集、整理」という、探究や思考に必要な方法知も明確に位置づけている点も見逃せない。

テーマ		①生み出す力	②文字言語で伝え合う力	③音声言語で伝え合う力	④補い、整理する力
1年　1学期	基本の習得	**受容** ・小説の読みの技法 ・評論の読み方（対比） ・詩の多義性	**文章表現の基本** ・原稿用紙の使い方 ・文の長さ ・常体と敬体 ・文章構成の型 **自己の力を試す** ・懸賞論文への応募	**話し合いに慣れる** ・バズセッション ・ペア対談 ・簡易ディベート ・群読	**情報収集の習慣づけ** ・読書カード **情報収集の方法理解** ・図書館利用ガイダンス **学校図書館への誘い** ・読書指導 **情報収集の実践** ・懸賞論文への応募
2学期	人と自然	**吟味** ・読み比べ	**〔意〕見文の基本** ・主張を支える例と論拠 ・キーワード ・キーセンテンス **様々な文章形態を知る** ・新聞作り **基本の復習** ・意見文	**立場を変えて話し合う** ・マイクロディベート 「環境問題は科学技術の力で解決できるか」	**情報収集と整理の方法理解** ・ブレインストーミング ・KJ法

学期	テーマ				
〔2年〕2学期	近代と脱近代	吟味と意味生成 ・書き込み ・複数教材の対話読み ・課題解決型学習	音声と文字とをつなぐ工夫 ・発表用レジュメ	目的に応じた話し合い形態の理解 ・バズセッション ・ディベート的討論 ・プレゼンテーション ・パネルディスカッション	
			基本の復習 ・意見文 レポートの書き方の復習 ・引用、出典、小見出し	問題解決のために話し合う ・パネルディスカッション「ポストモダンをいかに生きるか」	近隣の図書館への誘いNo.2 ・図書館報 情報収集と整理の実践 ・研究レポート
3学期	人と文学	意味生成 ・複数教材の対話読み		全校読書会 ・ディベート	情報収集、整理の復習と実践 ・ブレインストーミング ・KJ法
3年 1学期	人と文学		他者理解と自己照射のための表現 ・紙上討論 ・シナリオ ・続編 ・舞姫論 ・レポート「文学とは何か」	発見のための話し合い ・バズセッション ・ディベート ・プレゼンテーション	情報収集、整理の復習と実践 ・ブレインストーミング ・KJ法
	言葉とともに	意味生成 ・複数教材の対話読み		言葉の機能を知り、伝え合う ・バズセッション ・スピーチ「言葉とわたし」	

3）本実践の特徴と工夫

　実践論文の第2節には、1人の学習者の認知的側面に焦点をあて、上記のカリキュラムで3年間環境をテーマに探究活動を行ったことで、どのようにテーマを深めていったのかが記述されている[9]。環境問題に興味を持ち入学してきたその学習者は、探究的な学びの中で、知識を増やし、新たな問いを生み、視野を広げ、問題解決の方向性を見出すまで成長を遂げている。さらにこの学びは、自己の職業適性を問い、自らの生き方を考えさせるに至って

いるのである。いったい、このような豊かな学びが生まれたポイントはどこにあるか。

　1つは、「伝え合い」を重視した個々の授業内容にあったと考えられる。単元「人と自然」では、環境問題の解決方法に関する対立する主旨の文章を読んだ後に、マイクロディベート（論題は「環境問題は科学技術の力によって解決できる」）を行っている。これによって、学習者は、これまでの科学や科学者に対する見方が大きく揺さぶられ、「科学技術、科学者、人間を多面的に見つめるようになった」という。対立する主旨の教材文を読ませたことや肯定側・否定側、2つの立場を体験するマイクロディベートによって、学習者を異なる立場に身を置かせたことが、知識を増やし多面的な見方につながったのではないか。

　また、単元「近代と脱近代」では、近代がもたらした問題を考えさせるために、数多くの教材文を読み、意見文を作成し、それらをもとにしたパネルディスカッションを実施している。井上によると、学習者は、教材や他の学習者の考えから科学技術を生み出す「精神的背景」に気づき、「歴史の流れの中で、人間と自然との関わり、科学技術の発展、人間のもつ自我の問題を捉え直し」たという。環境問題は近代化の副産物として生じた問題である。歴史的な経緯を踏まえたことで、環境問題に対する考えに深みを与えたものと推察できるが、加えて教室内の学習者と対話的なやりとりから学んだ効果も大きい。

　ポイントの2つ目は、探究活動が他教科等や進路選択等の教育活動全般と関係づけられている点である。本実践では、「現代社会」で得た知見が国語科のマイクロディベートの立論で活用されたり、国語科の単元が進路の選択を考える契機となったりしたことが報告されている。このような各教科等や教育活動との相互の連関を図った広い視座から学習者の学びを見取ることは、知の総合化が求められる探究的な学習に必要であるばかりでなく、「カリキュラム・マネジメント」や「キャリア教育」の観点からも重要だろう。

　ポイントの3つ目は、テーマにもとづいて単元が構想されている点である。本実践では、「主題（テーマ）探究の過程に、ディベート、プレゼンテー

ション、レポート作成といった必然性のある言語活動を系統的に配置し、「伝え合う力」を中核とした言語能力の育成を図」っている。

　以上のように、学習者の興味・関心にもとづいたテーマを探究するプロセスで、系統的に仕組まれた活動が他の学習者との対話的なやりとりと絡み合いながら言語能力を高めたことが、自らの生き方を考える力につながったと考えられる。

3　河野順子「地球環境について考えよう！」（小学校6年生）[10]

1）指導目標

　小学6年生を対象にした実践である。報告には「目標」が明記されているわけではないが、目指したのは、2つの説明的文章の書き手の発想を読み取り、地球環境についての「自分なりのものの見方、考え方、述べ方」の獲得であったと考えられる。本実践のポイントは「セット教材」を用いて、それを「筆者と筆者の対話」というユニークな方法で読ませたことにある。

　「セット教材」とは、教師が学習者の既有知識や経験を考慮したうえで、2つの教材文を組み合わせたものである。本実践では、吉良竜夫の「熱帯の森が消えていく」と伊藤和明の「オゾンがこわれる」の2つの教科書教材を組み合わせ、発想の共通性について追究する授業を展開している。そしてその追究のために用いられたのが、「筆者と筆者の対話」である。詳しくは「指導の工夫・特徴」で説明するが、この方法で学習者は2人の書き手の立場になりきって「事例の出し方」に着目しながら、環境問題の見方・考え方を深めている。

　本実践は、探究あるいは、課題解決型学習であることを謳っているわけではない。しかし、文章に対して問いをもち、対話的な方法によって思考を促した本実践は、ことばの力を育てる探究学習として1つのモデルを示してくれている。

2）指導計画

　総時数8時間。本実践の展開は、子どもの問題追究の道筋に沿っているが、

実践論文の記述をもとに授業の流れを簡略して示すと以下のようになる。

第一次　学習の構え作り

　　２つの教材（「熱帯の森が消えていく」「オゾンがこわれる」）の共通点と相違点を話し合い、「二人の筆者の発想は同じなのか」という「問題」を設定する。

第二次　筆者の発想を読む

　　「筆者と筆者の対話」によって、「問題」（「二人の筆者の発想は同じなのか」）を「文章構成、言葉の工夫、事例の出し方の工夫」の３観点で追究し、それをもとに「どちらの文章の方が説得力があるのか」について「事例の出し方」を焦点に討論会で話し合う。

第三次　情報生産者としての読み

　　２人の筆者のものの見方、考え方をもとに、地球環境について考えを述べ合う。

　従来の説明的文章の指導では、文章内容を理解することを目的として、意味の理解、構成の理解、内容・要旨の理解の流れとなることが多いが、本実践では、学習者の「情報処理・活用力」に重きを置いて、①問題の設定、②問題の追究（情報の整理・分析）、③討論会・考えを述べ合うこと（表現）が行われており、文科省が示す「探究のプロセス」（①「課題の設定」、②「情報の収集」、③「整理・分析」、④「表現」）に近い流れになっている[11]。

３）指導の工夫・特徴

⑴　「セット教材」による「筆者と筆者の対話」

　本実践では、「熱帯の森が消えていく」「オゾンがこわれる」という２つの教材を組み合わせ（「セット教材」）、２人の書き手の発想が同じものかどうかを追究しているが、その追究の質を高めているのが、「筆者と筆者の対話」という方法である。

　「筆者と筆者の対話」とは、学習者が書き手の立場になりきって、書き言葉で対談する学習方法である。２人の学習者がペアとなり、それぞれ一方の

書き手になって対談する場合もあるが、この実践ではひとりの学習者が2役（伊藤氏と吉良氏）を演じて紙上で対談している。以下は、ある学習者の紙上対談の一部である。

> 伊藤氏：そうですねえ。私の言いたい事は、長い月日で作りあげた、環境、その中ではぐくまれてきた生命を現在の私たちのせいでこわしてはならないと思う。そして、今こそ人々がちえを出し合って、問題の解決に当たらなくてはならない時だという事をいいたいのですが、吉良氏はどうですか？
>
> 吉良氏：私はたとえ国が遠くはなれていようとも自然のはたらきや経済関係でおたがいに結びついているのだから、(中略：稿者) これからは、自分たちでできる事は、やり、そして、援助を求めている人々に手をさしのべる事が大切である。それが、世界の中で生きていくために必要な心がまえなのでは？と、私はうったえたいのです…。

このように「筆者と筆者の対話」では、1人の書き手だけではなく、2人の書き手を登場させ、質問したり意見を出し合ったりするかたちで情報の分析や整理が行われていく。

それにしてもなぜ2人の書き手が必要なのか。河野によれば「もう一方の筆者を異化して客観的に読み取る効果を引き起こす」ことができ、「比較を通して、それぞれの作品において筆者がどのように考えをめぐらせ、論を展開させていったかのかという情報生産の想の過程が明らかに読み取れ、自分はこう考えるという自分なりの発想が確立される」からだと言う。つまり、書き手の構想を批判的に読むための立脚地を担保し、学習者の思考を促すための「足場がけ」としての機能があると言っていいだろう。

(2)「筆者と筆者の対話」による言葉への着目

「筆者と筆者の対話」という方法が、言葉そのものへと読み手の視点を促す点も重要である。本実践で子どもたちは、「オゾン」や「熱帯の森」とい

う空間的に離れた問題を身近な問題として読み手に実感させるために、どのように事例を出せばよいのか、といった言葉の使い方について、活発な話し合いを展開している。

　本実践の成果を示すものとして、ある学習者が学習後に「自主勉強」として書いてきたという文章の一部を引用しておこう（引用は伊藤氏になりきって書いている部分である）。

　（前略：稿者）それならば、私は、最後に身近なことは書いていませんが、フロンガスが生まれる原因として私たちが日ごろしているいろんなことが原因になるんだということを書きましたよ。この例の出し方が私が工夫したところで身近なことから例を出すことによって人ごとじゃないんだよ。みんな一人一人が気をつけていかないといけないということを強調しているのです。（中略：稿者）

　　紙一枚でも大切にしていく。そんな心がたくさん集まっていくと、世界をほろぼさなくてすむのだと思います。クーラーをつけるのを少しがまんして自然にまかせるのも一つです。

　ありきたりな結論になってしまっているきらいはあるが、この学習者の記録からは、伊藤氏に自己を仮託し、書き手の構想過程に着目して環境問題に対する見方や考え方を深めている様子が見て取れる。

　このように、本実践では、言葉を学習の対象としながら、学習者の環境問題に対する認識を深めさせており、環境問題を題材としたことばの学習を成立させた好例となっているといえよう。

三　授業づくりのヒントとこれからの課題

　前節では、言語能力を高めながら、環境への認識を広げ、深めさせた探究的な実践を紹介してきた。このような実践の積み重ねが、現代的諸課題を解決する思考や言語能力を育て、この星の未来を切り拓く態度を養うことにつ

ながるのだと思われる。

　しかし戦後から現在にかけての実践を通して見ると、その多くは環境問題をことばの問題としてとらえる視点が欠けていたように思える。環境問題における言葉のあり方自体を国語教育では問題にしなければならないのではないか。言い換えると、言葉そのものへの認識を育てるような学びをどう組織するかが問われなければならないということだ。それは新学習指導要領に示された、「言葉による見方・考え方を働かせる」ということでもある。では、具体的にはどのような授業づくりが考えられるか。

　まず考えられるのは、言葉の意味をとらえ直す学習である[12]。「地球にやさしい」「環境エゴ」「一人一人の心がけ」といったわかりやすい言説が、どのような立場や価値観から作られたのかを探究してみるのである。「一人一人の心がけ」それ自体は重要なことだが、この言葉に問題を回収することによって既存の社会や産業システムの問題が棚上げされている可能性がある。言葉の意味をとらえ直した近年の実践には、大釜智光「「放射線副読本」のモラルを問う」（『人間と教育』90号、2016年、80-87頁）がある。教科間の連携に課題はあるものの、文科省の副読本と新聞記事やNHKの報道を比べ、批判的な読みを展開した実践である[13]。

　また、環境という視点から言語文化をとらえ直すことも必要だろう。言葉によって表象された自然や動物と野生の生態との間には差異がある。文学では擬人法を用いて動物や自然を表現し、人間との交感が描かれている。これらの表象の仕方と現実の生態とを比べ、その効果と問題点を追究してみるのである。手始めに教科書を調べてみてもいい。

　次に、言葉と言葉の関係を問う学習である。環境問題においては、二項対立の言葉が頻出する。「自然／人間」「自然破壊／自然保護」「大量生産／大量消費」等、これらの言葉は、状況を区分けし、物事の関係を理解しやすくする一方で、複雑な関係や問題を覆い隠してしまうこともある。たとえば「大量生産／大量消費」について考えてみると、この2項では見えにくいが、ここに「大量廃棄」という3項目を加え「大量生産／大量消費／大量廃棄」と言葉の関係を変えるとどうなるだろうか。大量生産が大量廃棄につながるこ

とが意識化され、大量生産の是非も経済的な面に加えて、資源の問題を含めて考える必要がでてくるのではないだろうか。

　最後に、言葉をつくる学習である。言葉はものの見方や考え方を規制するだけでない。「フードマイレージ」「環境正義」「エシカル消費」といった言葉がつくられたことによって、環境システムやその問題が見えやすくなったという面がある。私たちの身近な問題を探しだし、見えなかったものを見えるようにする言葉を教室で考え合ってもいいだろう。

　自覚的に言葉のあり方を問う方法としては、今回紹介した水野実践の調査のように、ことばの学習の中に「実践」や「体験」をどう組み込み、位置づけるかがこのテーマでは鍵になってくるだろう。たとえば聞き取り調査や直接的な観察を取り入れることによって、多様で複雑化した対象に迫り、対象と言葉のあり方が適切かどうかを吟味・検討したり、言葉を編み直したりすることが可能となる。もし時間の確保が難しければ「総合的な学習（探究）の時間」や他教科等と連携してもいい。ことばの世界から距離をとり、再度言葉に戻ってくることによって、言葉への新たな発見が得られるはずだ。

　このような言葉自体の認識を育てることによっても、ことばの教育である国語教育は現実の生活や社会にはたらきかけ、この星の未来に貢献できるのではないだろうか。

注

1）文部科学省「今日よりいいアースへの学び　ESD持続可能な開発のための教育」〔http://www.esd-jpnatcom.mext.go.jp/〕（最終検索日2019年3月21日）

2）市川智史『日本環境教育小史』ミネルヴァ書房、2016年。

3）調査した文献は、「国語科における環境問題を題材とした実践記録目録」（『横浜国大国語教育研究』第44号、横浜国大国語教育研究会、2019年）42-55頁に176件リストアップしてある。リポジトリで公開されているので、こちらも参考にしてほしい。

4）野谷武「自分のことばで書く」『作文教育』第19集、全日本国語教育学会、1972年、118-119頁。

5）水野美鈴「国語科総合単元「地球環境の危機と私たち」―環境問題をテー

マにした物語を作る学習─」『日本語学』第17巻第13号、明治書院、1998年、33-42頁。

6）川喜田二郎『発想法　改版』中央公論新社、2017年、28-35頁。

7）前掲、川喜田。

8）井上雅彦『伝え合いを重視した　高等学校国語科カリキュラムの実践的研究』渓水社、2008年、252-273頁。初出は「国語科と『総合的な学習の時間』との連携の在り方─ある学習者の高校３年間にわたる学びをもとに─」『国語科教育』第49集、全国大学国語教育学会、2001年。

9）なお実践論文の第１節には、言語技能の育成についての考察が行われている。

10）河野順子『対話による説明的文章セット教材の学習指導』明治図書出版、1996年、108-116頁。

11）文部科学省『小学校学習指導要領（平成29年告示）解説　総合的な学習の時間編』東洋館出版、2018年、９頁。

12）以下の授業案は、社会学やエコクリティシズムから得た知見をヒントとしている。それらは「参考文献」に掲載したので参考にしてほしい。

13）大釜の実践のように国語科でも原発やエネルギーを扱った実践が出始めており、川上弘美の「神様2011」を扱ったすぐれた実践報告等も待たれるところである。

参考文献

〈実践・実践史関連〉

市川智史『日本環境教育小史』ミネルヴァ書房、2016年。

井上雅彦『伝え合いを重視した　高等学校国語科カリキュラムの実践的研究』渓水社、2008年。

井上雅彦「国語科と『総合的な学習の時間』との連携の在り方─ある学習者の高校３年間にわたる学びをもとに─」『国語科教育』第49集、全国大学国語教育学会、2001年、89-96頁。

大釜智光「「放射線副読本」のモラルを問う─国語総合「情報リテラシーを考える」実践報告」『人間と教育』90号、2016年、80-87頁。

河野順子『対話による説明的文章セット教材の学習指導』明治図書出版、1996年。

佐野幹「国語科における環境問題を題材とした実践記録目録」『横浜国大国語教

育研究』第44号、横浜国大国語教育研究会、2019年、42-55頁。

田中耕治編著『戦後日本教育方法論史（下）　―各教科・領域等における理論と実践―』ミネルヴァ書房、2017年。

野谷武「自分のことばで書く」『作文教育』第19集、全日本国語教育学会、1972年、118-119頁。

水野美鈴「国語科総合単元「地球環境の危機と私たち」―環境問題をテーマにした物語を作る学習―」『日本語学』第17巻第13号、明治書院、1998年、33-42頁。

和井田清司『高校総合学習の研究―自律的学習の展開―』三恵社、2012年。

〈環境教育関連〉

社団法人日本環境教育フォーラム『日本型環境教育の知恵　人・自然・社会をつなぎ直す』小学館クリエイティブ、2008年。

国立教育政策研究所教育課程研究センター『環境教育指導資料〔中学校編〕』、2016年。

国立教育政策研究所教育課程研究センター『環境教育指導資料〔小学校編〕』、2007年。

文部科学省「今日よりいいアースへの学び　ESD持続可能な開発のための教育」〔http://www.esd-jpnatcom.mext.go.jp/〕（最終検索日2019年3月21日）

〈教育学・心理学関連〉

安西祐一郎『問題解決の心理学　人間の時代への発想』中央公論新社、1985年。

梶田叡一・人間教育研究協議会編集『実践的思考力・課題解決力を鍛える　PISA型学力をどう育てるか』金子書房、2015年。

梶田叡一・日本人間教育学会編集『対話的な学び　アクティブ・ラーニングの1つのキーポイント』金子書房、2017年。

梶田叡一・日本人間教育学会編集『深い学びのために　アクティブ・ラーニングの目指すもの』金子書房、2017年。

佐伯胖『「わかり方」の探究―思索と行動の原点―』小学館、2004年。

〈文学・社会学・文化人類学関連〉

小谷一明・巴山岳人・結城正美他編『文学から環境を考える　エコクリティシズムガイドブック』勉誠出版、2014年。

川喜田二郎『発想法　改版』中央公論新社、2017年。

関礼子・中澤秀雄・丸山康司他『環境の社会学』有斐閣、2009年。

見田宗介・宮本憲一・市川定夫他『岩波講座　現代社会学　第25巻　環境と生

態系の社会学』岩波書店、1996年。

矢野智司『動物絵本をめぐる冒険　動物―人間学のレッスン』勁草書房、2002年。

渡辺憲司・野田研一・小峯和明他編『環境という視座　日本文学とエコクリティシズム』勉誠出版、2011年。

第六章
日本語の不思議

牛山　恵

一　日本語の問題と探究学習

1　日本語学習のあり方

　人は、言葉を獲得することで世界を開いていく。語彙が乏しいのは、経験を言葉で認識し知識としてストックすることができていないからである。児童・生徒が豊かな言語生活を営めるようにするには、基礎となる語彙を増やす必要がある。そのために、言葉に興味を持ち、その意味を知り、それが使えるようになる学習の設定が求められる。児童・生徒の、意識的・自覚的な言葉の学習によって、日本語学習への動機付けもなされ、「日本語の不思議」に気づくこともできるのだ。

　小さな島国である日本でも、母語は１つではない。地方の言葉、家庭の言葉で育った子どもが、共通語としての「日本語」を意識するきっかけは、多くの場合、小学校の国語の学習においてであろう。では、小学校ではどのように日本語学習を特設しているのだろうか。教育出版[1)]の場合を見てみよう。

　教育出版は、国語の教科書に「領域・事項などの内容と特色」として６項目を設けているが、その（5）として「伝統的な言語文化と国語の特質に関する事項」を掲げ、その中の「言葉の特徴やきまりに関する事項」に「言葉単元」を設置している。「言葉単元」は「言語についての興味・関心を高め、言語のはたらきについて、児童が活動を通して実感的に考える単元」として設定したものである。「言葉単元」の６年間の流れは、以下の通りである。

〈1学年〉「おもしろいことば」教材例：「いるか」の詩、「このふくにあう」
　　　　　の文
　　　　　　・「同じ言葉で違う意味を表すもの、区切り方で意味が違ってく
　　　　　　　るもの」
〈2学年〉「うれしくなる言葉」教材例：「うれしくなることば」「ほめるこ
　　　　　とば」
　　　　　　・言語の、情報伝達だけではなく、情緒的側面についての学習
〈3学年〉「気持ちをつたえる話し方・聞き方」教材例：かえるの絵
　　　　　　・言語表現には、知的で明示的な意味内容の面と、内容に関わる
　　　　　　　発話者の気持ちや相手意識が含意されていることの意識化
〈4学年〉「言葉が表す感じ、言葉から受ける感じ」教材例：漫画風の挿絵
　　　　　　・言葉自体がもつ表現の豊かさや面白さに気づき、言葉を楽しむ
〈5学年〉「話し言葉と書き言葉」教材例：インタビューと報告文の文例
　　　　　　・話し言葉と書き言葉の特徴をつかみ、日常の言語生活を振り返
　　　　　　　る
〈6学年〉「心を見せる言葉」教材例：ある場面で言葉を発している人物の
　　　　　挿絵
　　　　　　・言語を総合的な視点で捉え直し、自身の言語生活を振り返る
＊言葉単元以外の言語習得に有効と考えられる教材
〈1学年〉　詩「いろんなおとのあめ」―擬音
〈2学年〉　「おてだまうた、いろはうた」
〈3学年〉　「きせつの言葉を集めよう」―季節感と言語
〈4学年〉　故事成語、いろは歌―伝統的言語文化、ことば遊び
〈5学年〉　折り句―ことば遊び
〈6学年〉　回文、身の回りの、変化したり使われなくなったりした言葉

　「言葉単元」や言語を扱った学習では、正確な情報伝達、心情の表現、言
語感覚の育成、言語文化の継承などを、例文の提示にとどまらず、詩や歌、
言葉遊び、イラストなどを効果的に使って、体験的に身に付けることが目指

されている。

　ここに紹介したような単元や学習活動は、母語としての日本語学習の基本的、あるいは標準的なあり方と言っていいだろう。このようなパターンを越えていくには、どうしたらいいだろうか。

2　探究学習

　児童・生徒に学力をつける学習のあり方として、もっとも効果があると思われるのは探究学習である。探究学習は、何より学習者自身が学習に対して主体的でなければ行われ得ないからだ。学習者は、問いを持ち、課題を発見し、解決のために様々な学習活動を行う。それらの行為は、学習者自身が思考し判断し表現することで成立する。学習者の中に生まれた問いこそが学習の出発点となり、課題解決のための探究を主体的な活動として行う、それが探究学習である。学習者は、自覚的に学習に取り組むことになる。しかしながら、学習の動機となる問いはどのようにして生まれるのか。生まれた問いは探究する意味のある課題となるのか。探究学習のつまずきは、その発端から問われることになる。

　田近洵一氏は「・『問い』は、読者の素直な反応（＝内なる想い）の中に生まれる。・感動や疑問に立ち止まり、その意味を考える。そこに『問い』は生まれる。」（「『問い』を立て、追究する文学教材の単元学習」2019（平成30）年国語研究会資料）と述べている。「素直な反応」すなわち素朴な感想、疑問、感動を大事にし、それがどこから来るのかを振り返ることから問いは形づけられ、学習がスタートする。そして個の問いは、協働学習を通してねられ深まり、個に戻って課題解決がはかられるのである。この学習の流れが、学習者に主体的に取り組んだ充足感と達成感をもたらすことが、探究学習の利点である。母語の学習も、知識習得型ではなく、問題追究型の活動を通して成立しないものであろうか。以下、日本語の問題と取り組んだ探究学習の事例を取り上げ、その国語学習としての意義と問題点について考察したい。

二　「日本語」をテーマとした、過去の授業実践

　本章は、遠藤瑛子氏、愛甲修子氏、甲斐利恵子氏の三氏の授業実践例を紹介し、その特質について考察する。

1　遠藤瑛子氏の実践

1）「単元　ことばを楽しむ」（中学校第 1 学年　19時間）

(1)　出典『ことばと心を育てる― 総合単元学習』渓水社　1992年

(2)　単元設定の意図「自分の想いや感情などを表すのに流行語や雑な言葉を使う中学生が、学習を通して少しでも生活の場で使う言葉を豊かなものにし、心をこめた言い方ができるようにさせたいという強い願いをこめている。」

(3)　単元ののらい

　①語彙の増加を図ることにより、日本語の表現の豊かさに気づかせ、言葉への関心を高め、生活の中で生きて働く言葉として使えるようにする。

　②二種類の絵を見て、表現を考え、ふさわしい文章が書ける。

　③文学作品を選んで、言葉に関する学習課題を設定し、ひとり学びができる。

(4)　教材　・「あいさつのことば」川崎洋　・「ひと声」畑正憲　・ボナールの絵　・原田泰治の絵　・「インディアンの手紙」加藤一朗　・四字熟語の紹介文

(5)　この単元で高めたい語彙力、表現力

　①類語をたくさん集める力。　②類語の中から、適切な語を選び出し、生活の場面に応じたふさわしい使い方ができる力。　③身体語彙の慣用句を集め、生活の場面に応じたふさわしい使い方ができる力。　④漢字・四字熟語の意味を知り、それを使いこなそうとする力。　⑤語感を磨き、言語感覚を伸ばそうとする力。　⑥場面や条件に応じて、

　二百字作文に的確に表現しようとする力。

⑹　生徒のこの単元に対する興味・関心

　「言葉に関心が出てきてはいるが、使用語彙、表現語彙までには成っていないことがわかる。」

⑺　単元の展開

　囲み〔広がることば〕→あいさつのことば→広がることば１→広がることば２→からだのことば→囲み〔深まることば〕→ことばを磨く→日本の四季→漢字を楽しむ→四字熟語で自己紹介→インディアンの手紙→文学作品による一人学び→学習課題→語彙を探す→分類・考察→まとめ⇒あとがきを書く

⑻　指導の実際

　①あいさつのことば「日本語の表現の豊かさに気づき、言葉に関心をもたせることをねらっている。」

　・広がることば…「うれしい」「驚く」の類義語集め「擬声語、慣用句、中学生としての流行語など不問にした。」

　・からだのことば…身体語彙による慣用句を集める→意味を調べる→慣用句新聞を作る

　②深まることば

　・ことばを磨く練習…『博物誌』の絵にふさわしい表現を考える。

　・日本の四季…原田泰治の絵に添える文章を書く。

　・漢字を楽しむ…漢字の偏と旁をとりかえながら表現を考えて、詩や話を作る。

　・四字熟語で自己紹介…漢字の面白さ、奥深さを理解し、四字熟語を使って二百字の自己紹介文が書ける。

⑼　おわりに（遠藤氏によるまとめ）「言葉を考え、時には、楽しみながら不思議さや面白さに気がつき、日本語の語彙の豊かさに少しでも関心が持てるように考えた単元であったが、まずまず成功したようである。」

遠藤実践に学ぶこと

　遠藤瑛子氏の実践は、そのタイトル通り、「ことばを楽しむ」ものとなっている。普段、何気なく使っている言葉の背景に豊かな歴史や文化があることに生徒は気づいていない。正しく美しい言葉遣いを指摘されることはあっても、言葉の楽しさ、おもしろさ、不思議さを真正面から取り上げる学習はそうそうないのである。日本語の魅力は多面的である。次々に、日本語への新しいアプローチを開いてみせる先生の学習プランに乗せられているうちに、生徒はそれぞれの学習の中で探求者となっている。

２）「単元『ことばの力』中学生の『むかつく』考」（中学校第２学年　12時間）

　＊遠藤氏の(2)「単元『ことばの力』」は、紙数の都合上、簡略に紹介する。

⑴　出典『思考力・表現力・協働学習力を育てる　主体的な学びをつくる国語科総合単元学習』渓水社　2016年

⑵　単元のねらい…・ことばに関心を持つ。・ことばの魅力、使い方に対する自分の考えがまとめられる。・ことばに関して、筆者と自分を比較して違いがまとめられる。・ことばに関する生活場面の具体例を集め、ことばの感覚について意見が言える。

⑶　教材　・大岡信「言葉の力」・谷川俊太郎「みみをすます」他

⑷　この単元で高めたい語彙力、表現力　　　　（略）

⑸　生徒のこの単元に対する興味・関心　　　　（略）

⑹　計画カリキュラム　　　　（略）

⑺　指導の実際

　　一次　　・VTR鑑賞の感想を三行で書く。→・感動を四百字にまとめる。

　　二次　　・教材「言葉の力」読後に三行作文を書く。→・教材「みみをすます」の音読→オノマトペ作り→群読→二百字で感想を書く。

　　三次　　・「むかつくと私」の題で、二百字で作文を書く。→作文から「むかつく」を考える。→保護者の意見を読む。→「我が家のことば」をテーマにした作文の交流

遠藤実践に学ぶこと

　遠藤瑛子氏は、「なぜか、『むかつく、きしょい』など若者ことばが急に使われるようになった。これは、弱い生徒や自分の気に入らないこと、ものなどに対する容赦ない攻撃のように思われた。注意だけでは治まるけはいはなかったのである。」と、単元の背景に危機感があったと述べている。確かに、「むかつく」や「きしょい」などの言葉は、一言で人間関係を断ち切ってしまえる。菅野仁氏は「ムカツク」「うざい」を「コミュニケーション阻害語」と呼び、「自分にとって異質な者にして端的な拒否をすぐ表明できる、安易で便利な言語的ツール」（『友だち幻想』ちくまプリマ―新書：筑摩書房2018.　5）としている。この、教師の危機感に背中を押されるようにして、生徒は「むかつく」という言葉といやおうなく向き合うことになった。学習としての探究はまとめの作文で終わったが、学習の成果は、生徒達の言語生活に影響を与えずにはおかないだろう。

2　愛甲修子氏の実践
「『単元学習』の基本に立つ―言語生活単元『ことばで思いは伝えられるか』の実践から―」（中学校第３学年）

⑴　出典　日本国語教育学会編『月刊国語教育研究』No.552　2018年４月

⑵　単元のねらい　「『「思いが伝わる」ということは、発し手と受け手が共感（思いを共有）できるということだ』、『思いをことばにするには、比喩などの修辞法が本質的な手段となる』ということに気づくことを目標にしようと考えた。」

⑶　教材「古事記」序文　「古今集」仮名序　　谷川俊太郎「手紙」　　新聞記事「恋の始まり、『僕』から詠んでみた」

⑷　指導の実際

　　一次　　「古事記」序文と「古今集」仮名序を比較し、200年の間にどのような変化があったのか、考えさせた。→「七五調、リズム感、表現する目的」などに至る。

　　二次　　谷川俊太郎の詩と新聞記事を提示し、「登場人物は思いを伝え

られているかを」考えさせた。→「生徒は『一つの課題に関する複数の情報（テキスト）を（収集し、）比較・評価して、必要な情報を選択・再構成し、相手と場に応じて再生産・発信していく』経験をしている。」班の話し合いの内容を学級で共有し、生徒を葛藤させる。

三次　　三次の前に「次回へのアプローチ」として「ことばで思いは伝えられるか」「言葉で思いを伝えるために必要なこと」を書く。討論を行い、考えをまとめる。

四次　　（時間外）三次の授業後、生徒の考えをプリントにまとめ、それを読んだ生徒が、さらに感想を書いた。

愛甲実践に学ぶこと

　愛甲修子氏の実践は、勤務校ではない中学校の生徒を対象に、日本国語教育学会の全国大会（第八十回）で公開授業として行ったものである。生徒との人間関係がない中で、「ことばで思いは伝えられるか」という難しい課題を取り上げているが、生徒に課題探求の意欲がなければ、おざなりの言葉で常識論を語らせるにとどまる危険性も大きい。愛甲氏は「どうすれば一人ひとりが興味・関心をもって取り組み、活躍する場面のある授業になるか、生徒が『集団での思考に参加し、自分の考えも深まった』と感じられるようにしたい。生徒とともに楽しみたい。」という思いを持って授業に取り組んでいる。思考の結果ではなく過程を重視しているのである。実践研究の最後に、生徒の感想を読んで「ともに学ぶ同志を得た喜びを感じる。」と述べているが、生徒が１人の探求者として自立したことの実感であろう。

3　甲斐利恵子氏の実践

「単元『言葉の小さな研究会』─分析の観点と言葉を学ぶ」（中学校第2学年）

⑴　出典　日本国語教育学会編『月刊国語教育研究』No.554　2018年6月
⑵　単元のねらい　教師のねらいとして「子ども達が自ら考える観点を求

め、探し出して分析し、それを言葉にして語る単元にしたい。」がある。学習に関しては「心情を表す言葉の類義語を分析することが学習の中心」となっている。「ねらい」として以下の３点が示されている。

・分析するための言葉を使えるようになる。

・観点に沿って分析し、自分で観点を設定できる。

・心情を表す言葉の豊かさを知ることができる。

(3)　教材　参考：『類語大辞典』（柴田武他　講談社）　　『日本語語感の辞典』（中村明　岩波書店）　　国語教科書

(4)　指導の実際

1時間目→「類義語について」（教科書を読む。）〈使う場面が違う。〉→グループで分担について話し合う。調べる類義語を班で決める。

2時間目→自分の学びのゴールをイメージする。資料、作業、発表（発表について具体的なアウトラインを描く）などについて、表やモデル例を作る。

3時間目～6時間目→発表原稿の作成・リハーサル。担当した言葉を比較検討し、その共通点・相違点を見つけ出す。

7時間目→発表会

8時間目→学習のふり返り

甲斐実践に学ぶこと

甲斐利恵子氏は、自身の実践について「問題点」を三つあげている。1つめは「単元の構造」で、「語そのものから出発する」点を問うている。2つめは「分析する」ことが中心の単元であるが、その前にやっておくべき学習はあったのか。それはどのようなものであったのか、ということである。3つめは、学習のゴールを「発表」としたが、内容を吟味する有効な話し合いの切り口はどのようなものか。以上、3点を問題点としているが、これらの問題は、甲斐氏のこの実践に限らず、多くの学習活動において問われることだろう。なお、この実践では「心情を表す言葉の類義語」を取り上げているが、多様な言葉があるように、あるいは多様な言葉があってさえ、なお表現

しきれない微妙な心情があるということを、中学2年生が改めて知ることは、人間関係を考える上でたいへん重要なことである。言葉の学習は、コミュニケーションの学習であり、人権の学習であり、人間を知る学習であるということを伝えることができる実践である。

三　府川源一郎氏の実践「最後の授業」と探究学習づくり

1　府川実践の概要

　府川源一郎氏の「最後の授業」の実践と研究の足跡は、1975（昭和50）年に発表されて以来、1992（平成4）年に『言葉・国家・教育　消えた最後の授業』（大修館書店）として結実するまで、以下のように、実に6回、論考として発表されている。

　　1　「最後の授業」（ドーデー作）教材化へ向けて　　『日本文学』第24巻1号　1975年1月　日本文学協会
　　2　「最後の授業」（A・ドーデ作）の教材史的検討　　『日本文学』第31巻8号　1982年8月　日本文学協会
　　3　「最後の授業」の再検討―国語愛の変遷―　　「国語科教育」第30集　1983年3月　全国大学国語教育学会
　　4　「最後の授業」の問題点と教材化の方向　　『日本文学』第33巻6号　1984年6月　日本文学協会
　　5　「最後の授業」というテクスト―翻訳・再話・翻案―　　「横浜国大国語研究」第6号　1988年3月　横浜国立大学国語国文学会
　　6　戦前期における教材「最後の授業」の検討　　「横浜国大国語研究」第8号　1990年3月　横浜国立大学国語国文学会

　府川氏の教材「最後の授業」の探究は20年以上続けられ、ようやく「言葉・国家・教育」という角書きを得て、一応のまとまりとなったのであろうか。この書籍については、1993年2月に『月刊国語教育研究』No.250において、浜本純逸氏が新刊紹介を書き、翌1994年8月には『日本文学』vol.43において、須貝千里氏が書評を書いている。

　浜本氏は「対象を教材『最後の授業』一点に絞っているにもかかわらず、わが国の国語教育の歴史と府川氏の言語観・国語教育観・文学教育論が浮かび上がってくる。あざやかな研究方法である。」と評価しているが、さらに「アメル先生を否定することを通して国家と言語についての方向を見いだすという屈折した読みを小学生に求めるのは無理であろう、と考えている。」として、本教材の扱いについての問題を示唆している。

　一方、須貝氏は、「わたしが府川さんから学ぶ第一は、子どもの読みから出発することによって、いかに授業を現代の文化を問い直し、新しい文化を作り出すものにするかということを具体的に示している点にある。」と述べている。また、「府川さんが私たちに提起しているのは、国語教育を国語意識に埋没させるなということである。」とも述べ、「母語の排除」「国語のみを唯一の言語として注入」することへの危機感を語ってもいる。

　では、府川氏が20年以上の年月をかけて探究することになった「最後の授業」の実践はどのように行われたのであろうか。1975（昭和50）年に『日本文学』に発表された「『最後の授業』教材化へむけて」から取り出すことにする。

2　府川氏の実践

「最後の授業」（小学校第６学年）

⑴　出典　「『最後の授業』教材化へむけて」『日本文学』24巻１号　1975年

⑵　単元のねらい

　・日本語についての考えを深めさせる。

　・少年フランツがアメル先生に対する物の見方や、フランス国家に対する認識を変えていった過程を読み取る。

　・アメル先生のフランス語に対する認識、及び愛国心に感動させる。

　・作者ドーデの作品に託した思想についても共感する。

　・アメル先生に対して批判の眼を育てる。

⑶　教材　「最後の授業」は、フランス第三共和政時代の初期、1873（明治６）年に出版されたアルフォンス・ドーデの短編小説集『月曜物語（フ

ランス語版)』の1編である。

　・光村図書の第6学年版では、単元「良書に親しむ」に位置づけられている。

　(4)　指導の実際

　　①教師の範読　②各自で語句についての解決　③疑問点などを箇条書きにし、疑問カードとして教科書に貼る　④疑問カードを解決すべく話し合いを行う。

　　　＊「なぜアメル先生は『フランスばんざい』と書いたのか」

　　　＊「『みなさん、わたしは―、わたしは―』というところで、アメル先生は何を言いたかったんだろう」

　　⑤教師自作のスライド（歴史的・地理的な写真や地図、風刺画）を見る。

　　⑥感想文を書く。

　　　＊このあとに、児童の感想文が2編紹介されている。

　授業は以上のように行われたが、この授業実践に関しては、日本文学協会で報告され、その報告をめぐって討論が展開した。また、府川氏自身も母語の問題について追及を深めていった。その経緯を簡略に記しておこう。

3　府川氏の実践に見られる探究学習とは

1）単元のねらいは達成されたのか

　(1)　児童の感想と授業の終了

　　児童の感想文の中に、単元のねらいに通じるものがある。それをどう取り上げ、学習に生かしたかが知りたいところである。児童の感想文と授業者府川氏の言葉を読み、その後に『日本文学』誌上で、何が問われたのかを見てみよう。

【問題となった児童の作文】

　作者は、戦争のおそろしさと、国語は国のシンボルであるということを、この物語に書いたと思う。フランツは、これ以上フランス語がしゃべれなくなってしまった。これからドイツ語を使わなくてはならない。もしぼく

だったら……。英語を使うようになったら……。ぜったいにいやだ。信じられない。フランツもそんな気持ちだったと思う。歴史の時間はプロシアのことを話していたかもしれない。その話を聞いたら、どんなにくやしいだろう。アメル先生もつらいだろう。一生の半分ぐらいをアルザスで住んできたのに。アルザスもなくなってエルザスになる。アメル先生の住んできたところがなくなるみたいだ。

　フランスばんざいは、アルザスはぜったいフランスのものである。プロシアのものではない。でもなぜ「アルザスばんざい」と書かなかったのだろう。

【府川氏の論考に見られるまとめ】

　ここに、アメル先生の姿勢を問い直そうとする姿勢の萌芽がある。私の授業では、これ以上展開することはできなかったが、実は、ここからまた次の指導が始まるべきであった。それは、作品に没入してその論理が解れば良しとする読み方ではなく、いわば開かれた読みと呼ばれる種類のものであるだろう。

　「最後の授業」という作品の限界を押さえつつ、それを乗り越えていくような教材化の方向が思考されるゆえんである。

(2)　府川実践に関する討論

　『日本文学』に掲載された「『最後の授業』教材化へ向けて」は、府川氏の報告の後に「討論」を付け加えている。この討論は、小野牧夫氏の司会で行われた。そこでは、田近洵一氏及び安瀬早苗氏により、府川実践について、ポイントを突いた発言がなされているので、ここに紹介しよう。

　　田近氏…アメル先生に同化する―つまりドーデの視点に同化するところ
　　　　　　で読んでいく、そういう読みからどのようにして離れさせる
　　　　　　か。スライドが意味を持ってくると思うんです。
　　安瀬氏…①児童の多くが話し合いたいこととして、「なぜアメル先生は

『フランスばんざい』と書いたのかと「『みなさん、わたしは─。わたしは─。』というところ、アメル先生は何を言いたかったんだろう。」とあるが、どのように子供たちの中からそういう問題について問題が出てきたのか。」
②「アルザスばんざい」と書かなかったのだろう、というのとつながるような問題が、授業の討論の中では出たのかどうか。

　これら、生徒の学習の実際がどうであったのか、具体的な質問についての府川氏の答えは次のようであった。

　フランツの視点を通して読ませれば─私もそう思ってたんですが─こういう感想が出てくるのはあたりまえと言いますか、最初のぼくのやり方が、まず作品を読ませて、それからそれに批判を持たせるようなやり方をしようと思ったわけで、ある意味では、非常に子供たちが素直に読んでるんじゃないかという感じがするわけです。
　それを破るためにスライドを与えたわけなんですが、まず安瀬さんのご質問で、「なぜアメル先生は『フランスばんざいと』と書いたのかとか、「『わたしは─。わたしは─。』というところで、何を言いたかったのか。」
　結局子供の中からは、そういうアメル先生に対する批判みたいなものは出てこないわけです。それはこの作品を見ている限りでは、なかなか出てきにくい視点だと思いますし、だから、「そういうアメル先生が非常によかった」とか「口では言えないような気持ちだ」とか、「私もフランツと同じ気持ちになった」とか、そういうような話し合いなんです。
　私は、それはだめなんだよとは言えないわけで、その場でどういうふうに持っていったらいいかよくわからないんですが─それを逆にお聞きしたいと思うんですが─そういうような話し合いで、活発だったということです。感想文にもそういう形が非常に多かったんです。
　だから、そういうものを破るためにスライドを与えたわけで、結局アルザスが強い二つの国の合い間にあるわけで、あっちへいったりこっち

へいったりしているわけなんですが、アルザスが自立できないだろうか、どうだろうかというような視点を、子供に与えたいと思ったんです。（中略）ですから、逆に言うと、「最後の授業」は有効な作品じゃないんじゃないかというふうに思うこともあるんです。

この府川発言に対して、田近氏は次のように述べた。

（前略）いま私たちはやはり民族の問題を、教育の具体的な場で問い直す時じゃないかと思うんです。（中略）府川さんの、素直な読みに対する否定というか、それを越える実践は、そういう意味で意味がある。（中略）つまり素直な読みの中で、アメル先生の、あるいはドーデの視点に自分を同化していくような読みの中では、本当の民族意識を育てることはできない。むしろこの作品の中で、素直にこれを読んで、素直に感動していく中で、私たちが警戒しなければいけないのは、無思想といっていいか、あるいは反思想といっていいと思いますけれども、そういう反思想的な民族教育をやってしまうことになるのではないか、そういう指摘だったと思います。

２）探究学習を可能にする授業者

　府川氏の授業実践は、田近氏の言葉によれば「ドーデの視点に自分を同化していくような読み」、言い換えると素直な読みから引き出して、覚醒させるところまでたどりついた。詳細な授業記録がないので、想像するしかないが、そのことを可能にしたのは、第１に授業者である府川氏自身が、作品に絡め取られるような素直な感動の内に終わる読みをしていないからである。府川氏は、この作品の背景に「民族教育」のあり方を見据えていたのであろう。だからこそ、第２としての読みの補助教材ともいえるスライドが提示されたのである。スライドの例としてあげられている「カリカチュアされた絵」は、児童に小説の背景にある国家的な状況をわかりやすく伝えるという効果があったのであろう。

児童は「なぜアメル先生は…」、「アメル先生は何を言いたかったのか」という問題を抱えたとき、ドーデーの作り出した「最後の授業」の世界を越えて、世界史や地理や言語の領域にまで踏み込んでいく探究者となり得たのである。しかしながら、学習は、彼らの成長を見ることはなく閉じてしまった。探究的思考、探究的姿勢の準備段階に立ちながら、残念であった。

　しかしながら、児童の探究の旅はなされなかったが、その後、府川氏は、1992年の『消えた「最後の授業」言葉・国家・教育』を著すまでの長期な取り組みを行ってきたのである。府川氏自身が、この実践をきっかけに、探求者になったのであろう。

4　探究学習の成立のために

　本章の目的は、「日本語の不思議」を題材とした探究学習を取り上げることである。小学校の低学年には、日本語のおもしろさや不思議さを楽しみながら学ぶ教材があるが、学年が上がるにつれ、日本語の問題の方が浮かび上がってきた。若者言葉やコミュニケーション・ツールとしての言葉の問題がそうである。さらに、府川実践は、小学校の教材でありながら、言葉の問題を、国家・戦争・侵略・母国語・民族などの用語を使って読み解かなければならない次元へと引き上げたのである。しかも、日本語の問題ではなく、外国語の問題として提示された。言葉が奪われるとはどのようなことかを考えさせる重い実践であった。

　今日、わが国も、単一民族国家などと容易には言えない事態にある。外国の人々が、様々な職種で働き、日本語学校の留学生数も増加していると聞く。日本にいるからには共通語としての日本語は生活上の必要言語である。しかし、それがすべての人々の母語ではない。外国語や方言も含めて、母語で会話するときの心の安らぎを、人にとってのことばの原点として、守っていかなければならない。日本語の伝統を継承すること、また言葉の生成変容も受け入れることは、言語の学習の基本として位置づけられねばならないだろう。

　探究学習は学びの基本である。個が主体的に課題と取り組み、解決をはかる。つまり、個の課題意識や学習の進捗状況が尊重されなければならないと

いうことだ。話し合いなどの協働学習は随時必要となるが、時間をかけても個別の学習を支えていくことが大事なのだ。探究学習のポイントは、次の3点にある。

　1、個の学習の保証

　2、教師の課題意識

　3、適切な発問や資料の提示

　探究学習こそが、思考力・判断力・表現力を育てるもので、これからの時代の「生きる力」を身に付けるための必須学習法である。

―――――――――――――――――

注

　1）資料編「領域の系統と「指導事項」との対応表」『ひろがる言葉　小学校国語』教育出版、平成27年。

参考文献

岩淵悦太郎『日本語語源の楽しみ―赤っ恥をかかない日本語の智恵―』グラフ社、2002年。

北原恭夫・いのうえさきこ『問題な日本語―どこがおかしい？何がおかしい？―』大修館書店、2004年。

田近洵一・宮腰賢／ことばと教育の会編『子どもたちのことば探検―「ことばの指導」アイデア集―』教育出版、1990年。

外山滋比古『外山滋比古著作集　5　日本の言葉』みすず書房、2002年。

第七章
メディアで探究し、メディアを探究する

中村　敦雄

一　探究テーマについて

　メディア（media）とは、「あいだにあるもの」という原義から派生して、情報の媒体を指して使われている語である。メディアで探究し、メディアを探究する学習活動は多様な可能性に開かれている。オーディエンス（audience、聴衆／受信者）は、メディアが媒介している情報をそれぞれのコンテクスト（context、文脈／脈絡）のもとで、ジャンル（genre）を判別しながら、ふさわしいコンベンション（convention、きまり／約束事）や、コード（code、解釈規則）を働かせて、一貫性に配慮しながら意味を生起させ、さらには価値を獲得している。

　それゆえに、メディアという探究テーマを掘り下げていくと、本書の別の章で取り上げられているテーマとも出会う。たとえば、テレビの幼児番組や絵本などのメディアを掘り下げていくと、他者認識や自己認識といったテーマにたどり着く。わたしたちがエスニシティ（ethnicity、民族性）や、ジェンダー（gender、社会的性差）といかに出会い、自らを刻印づけて／づけられているのか、その過程への探究に導かれるからである。メディアは表象として機能し、文化はもちろん、いま＝ここで生きているわたしたちをも形成している。メディアとは根源的な存在なのだ。それだけに、送信者が存在し、意図が介在しているにもかかわらず、オーディエンスのなかには、まるで自然物であるかのように受けとめている実態も見受けられる。教育として取り上げるべき争点が指摘できる。

　どこまでも広がる探究テーマであるだけに、本章ではメディアの機能を限

定しておく。どんな辞書にも掲載されている、情報を伝達する機能である。新聞やテレビ、スマートフォン等が伝達している情報は、質的には高低の差こそあろうが、量的には文字が手書きされ、写真がなかった時代に比べれば、圧倒的な氾濫状態にある。かつては、少ない情報からいかに多くを知るかが重視されたのに対して、現在ではまさしく逆転して、多い情報のなかから何をどう選択して知るかが問われている。それだけに、「言語化された主張・命題の真偽、妥当性、適合性を、一定の基準にもとづいて判断し評価する」[1]ための批判的思考（Critical Thinking）が不可欠である。

　視覚や聴覚などへの刺激によって情報は賦活されている。刺激を誘発する媒材のなかでも、言語は中核的な役割を果たしている。いうまでもなく、国語科教育は、言語の教育を伝統的に担ってきた。それだけに、国語科教育において、言語以外の各種メディアについて、等しく遇する必要性を見いだすことができる。コミュニケーションに立脚した言語観のもと、敗戦後、教科内容のなかに、マスメディアである新聞やラジオを位置づける必要性が強調された。民主主義社会実現のために、国語科としての貢献が求められた経緯も指摘できる。そうであったのが、昭和30年代中盤になると、国語科としての教科内容はあくまでも言語、それも教科書という特権的メディアに選抜された文字言語の理解活動を主軸に据えるべきだとする学習観が支配力を持つようになった。

　一方で、各種メディアは国語科から不純物として排斥された。こうした狭隘な状態が続いていたのが、21世紀を迎える前後になると、音声言語活動が復権し、そこから国語科と社会生活との接点不足が問題視され、各種メディアは音声言語・文字言語を中核とした拡張された媒体として正当に位置づけられるようになった。メディアの読み書き能力としての「メディア・リテラシー（Media Literacy）」という用語が国語科において違和感なく受けとめられたのも、上述の伝達機能に着目された結果であった。

　言語との類比を基調とした受容であったことから、国語科教育に内包されてきた手段として言語「で」学ぶことと、言語「を」対象化させて学ぶことの二重性を、メディアも踏襲せざるを得ない事実を見逃してはならない。当

初は、ICT（Information and Communication Technology）教育が台頭し、重なり合う争点も見いだせたことから、キーボードの打ち方や、検索エンジンの使い方などに注目が集まり、「で」に関連づけられて浸透していった。こうした受容も見られたものの、パソコン室と呼ばれた特別教室が不要になり、小型軽量化されたタブレット端末もあたりまえの学習ツールになり、通常教室でインターネット上の情報にアクセスすることが定着しつつある。上述の変化からすれば、今後の予想としては、これまでにも必要性が叫ばれながら、伝統的な国語科との相性が合わずに十分な浸透をみなかった批判的思考やメディアの商業的意図に関わる諸知識が前景化することによって、理解活動に関わった「で」は「を」に接近していくだろう。また、表現活動の必要性が認められ、パンフレットづくりなどの「で」に力を入れた実践が活性化していったものの、いずれ、「を」とどう関連づけるかが問われる必要が生じよう。さらには、送信者とオーディエンスとのあいだに垂直的な関係性があったマスメディアだけでなく、SNS（Social Networking Service）のような水平的な関係性を特徴とするメディアへの探究が新たな課題となるだろう。

　以上、探究テーマであるメディアに関して、2019（令和元）年の時点での通時的な見取図を描いた。このなかには、先行研究がまだ到達していない争点も含まれている。過渡期にあることを自認しつつ、本章では先行研究に迫っていく。ただし、紙幅も限られていることから、本書の先行図書にあたる浜本純逸監修・奥泉香編『ことばの授業づくりハンドブック　メディア・リテラシーの教育』（溪水社、2015年）と合わせてお読みいただければ幸甚である。

二　メディアで探究し、メディアを探究する授業実践例について

1　「あれから一年　強く生きる」（実践者：神戸大学附属住吉中学校　遠藤瑛子）

1）指導目標

　中学1年生を対象とした14時間から成る単元である。1995（平成7）年に起きた兵庫県南部地震を題材に、震災被害に遭った学習者が「自分自身のつ

らい体験を表現することによって、閉ざされた心を開かせていく」ことをも願って、その翌年に実践された。

次の目標が設定された。

① 震災の体験を記した新聞、作文、マンガ、VTRに関心をもち、すすんで自分の経験した情報を集めようとする。

② 書き出しを工夫し、状況のよくわかる震災の作文が完成できる。

③ VTR・詩・日記等の作品を通して、自分とその人の生き方、考え方を比較した考えをまとめることができる。

④ 学んだ作品の表現の多様性（比喩、具体的な描写体験を通しての言葉）を活用して、書いた作文を読み返し、表記や表現について推敲することができる[2]。

２）指導計画

単元は四次から成る。１次は、「大地震のあった平成七年一月十七日の体験を作文に書く」であり、２次は、記録のVTRを視聴し、「心に刻んだ言葉をノートにメモすることによって、生き抜こうとしている人々の口から出た言葉の重み」を学んだ。３次では、４コママンガと日記と詩で構成された「『愛ちゃんのボランティア神戸日記』を中心学習材として、愛ちゃんのボランティア活動の悲喜こもごもに共感したり学んだりするだけでなく、表現の仕方を学ばせ、短作文の練習をした。さらに、作者に直接話を聞く機会を設け、作品だけでなく生の人柄に触れるという『開かれた学習』」へと進展した。４次では、「初めに書いた震災体験の作文を推敲し、完成させた。作文は震災体験作文集として印刷し、援助を下さった方へ配布した」という。

発信活動のあいだに分析的な受信活動を挟み込むことによって、「地震体験のない読み手にも状況がわかる作品」にするという目的意識のもとでメディアを分析的にとらえさせようというねらいがうかがえよう。加えて、自らの体験に他者の経験を重ね合わせ、いま＝ここで何をどう受けとめ、どう活動しているのかを知ることで、視野を広げるとともに、自らのありかたを

振り返るきっかけともなっていたものと考えられる。

３）指導の工夫と特徴

　１次にあたって、遠藤は震災一周年の日の新聞を買い集め、教師主導で記事の比較を行った。そのうえで、１年前のこの日この時間に何をしていたのかを尋ねたところ、学習者はわれ先にと話し始めたという。リアルな語り合いから出発して、「神戸　これから」という詩と、遠藤自身が学習におけるモデルとなるように書いた体験記である「昏い朝」を提示し、同じ体験を共有するとともに、思いが先走らないように、「意識的に言葉・表現を取り上げようとした」という。こうしたうえで作文に取り組ませた。その条件としては、「書き出しを工夫すること、文末表現を統一すること」「読み手は地震を経験していない人、後世に伝える意識で書くこと」であった。

　２次のVTR、３次の「愛ちゃんのボランティア神戸日記」については、学習者はいずれも共感的に視聴し、心を打たれていたという。後者について、学習者に学習方法を委ねてみたところ、小集団で表現の方法（レトリック）を学び、読み合い、話し合う学習が行われた。さらには、作者である愛ちゃんとの出会いが学習者に深い感銘を与えた。

　４次において、推敲に重ねることで読者に訴えかける迫力の加わった学習者の作品については、ぜひとも、同書を手にしてお読みいただきたい。遠藤は、単元を振り返って、「単元を終え何かすっきりした気分になったと書いた生徒も多かった。大きなショックを〝言葉で癒す〟ことができたのではないだろうか」と語った。学習者の次の感想からもうかがえよう。

　　「震災のことはふれたくない」とこの単元を始める前に思っていた自分
　　をはずかしく思いました。なぜかというと神戸はみんながこの街を思う
　　ことによって「復興」というものに一歩近づけるのだから…[3]。

　言語の教育に携わる者として、閉ざされがちであった学習者の心を少しずつ開いていく貢献が果たせた重みを、わたしたちはかみしめたい。メディア

を通して、学習者が外部との回路を獲得し、自らの発信にもつなげていった歩みに、コミュニケーションの大事さを見ることもできるだろう。遠藤の問題意識はさらに著書『人を育てることばの力―国語科総合単元学習』（渓水社）において、いっそうの深化を遂げていった。

2　「ナガサキ原爆・七万五千人の顔」（実践者：長崎県佐世保市立中里中学校　近藤　真）

1）指導目標

　中学校2年生を対象として、1995（平成7）年、文化祭に向けて行われた取り組みである。同学年の文化祭テーマは「戦争と平和」であり、5クラスでそれぞれのテーマに取り組むとともに、学年全体の「百七十一人が共同で行なう文化的創造をとおして、いのちと平和で結びあおう」という目標のもと、「ナガサキ原爆・七万五千人の顔」は進められた。近藤は伯父を長崎原爆で亡くしており、その死を学習者にも語り継いでいくことによって、死者を「私たちのなかに……生きつづけさせること」[4]の切実さを説いていたという。

　近藤は、学習者に「七万五千って、いったいどんな数なの」と問いかけた。しかし、その数を実感することは困難であった。そこで、近藤は学習者をコンピュータの前にいざない、BASIC言語でプログラムを組ませて、1から75000までの数字をディスプレー上に表示させた。表示に37分かかったという。「抽象的処理能力にたけるコンピューターを、あえて具体化の道具として使う」という点でユニークなアイディアであったが、近藤は、「没個性の数字が、目のまえをめまぐるしく流れていくだけ」であることに気づき、方針を転換する。そこで、南部敏明の実践[5]を参考にして、「七万五千人の顔をみんなで集めて、それを係が貼りあわせる」ことで、コンピュータとは対極にある原初的な手作業による取り組みが展開された。

2）指導計画

　9月に着手され、完成したのが11月中旬の文化祭前日であった。学習者の

作文は、その過程を次のように説明している。

　　一人あてB４の西洋紙を四枚配ります。それ一枚につき百十名の顔写真
　　を、新聞や雑誌などから切り抜き、貼りあわせる。……あくまでも一枚
　　一枚切りとって貼るのです。
　　それを係が集めて模造紙に貼りつける。模造紙一枚に西洋紙が八枚、二
　　人分が貼れます。ですから二年生全員では、模造紙八十五枚半の量です。
　　体育館の床に並べてつなぎ合わせた八十五枚の模造紙を、文化祭前日に
　　体育館の左サイドに吊りさげました。

という過程を辿った。成果を目にしたとき、彼女は次のような思いに襲わ
れたという。

　　吊りさげて床から見あげたとき、思わず、ああ、と声を上げてしまいま
　　した。私の目に飛びこんできたのは、二つの目にはいりきれないほど膨
　　大な数の、顔、顔、顔。どこに目を向けても視界に映るものは顔です。
　　七万五千人という数にやっと実感が湧いたのでした。たった一つの爆弾
　　で、こんなにもたくさんの人間をこの世から消してしまった原爆は恐ろ
　　しい[6]。

３）指導の工夫と特徴

　説明にもあったように、それぞれの写真は、実際に原子爆弾によって命を
落とした方々の写真ではない。あくまでも、活動としてのポイントは、実感
のもとにその数の暴力的なまでのすさまじさが分かるという一点に尽きる。
その衝撃がいかに大きいものであったのかは、その場に居合わせなかったわ
たしたちにも容易に推察ができよう。全員で手分けをして、それぞれ440人
分の写真を手作業で切り抜いて、貼り集めるというアナログの極致をいく参
加型活動であった。だが、ひとたびそれらが集積した瞬間、圧倒的な威力を
備えたメディアがそこに現出し、見る者の心をつかんで放さなかったのであ

る。

　「七万五千にはみなそれぞれに違った名前（固有名詞）があった……名前を剥奪された者たちの嘆きに思いをはせること、そして私たちの想像力で失われた彼らの固有名詞の復権を図ること、彼らを遠い死の世界から呼びもどすこと、その想像力をつけること」[7]の重要性を近藤は力説している。ともすれば、わたしたちは、すべてをメディアに説明してもらって分かった気にさせられていることに慣らされてはいないだろうか。探究における「想像力」の重要性を再認識する必要がある。

3　「どんな家を買おうかな」（実践者：横浜国立大学附属横浜中学校　黒尾　敏）

1）指導目標

　中学3年生を対象とした4時間から成る単元である。学習者が収集した不動産に関する折り込みチラシというメディアを読み解くことを目標とした実践である。「投げ込まれる数・回数が多く、年間を通して入手しやすいこと」や「学習者の関心や願望（自分だけの空間がほしい）に一致しており、それが学習者の発達段階や性差に左右されないこと」などが不動産広告を取り上げた理由であった。

2）指導計画

　同単元では、次の過程が同定されている。

①　指定された条件・自分の基準に照らして、必要な情報（不動産広告のチラシ）を収集することができる。（家庭での作業）

②　収集した情報について、項目を自分で決めて一覧表に整理することができる。（1.5時間）

③　収集した情報について、気づいたことを簡潔に箇条書きの文章にまとめることができる。（0.5時間）

④　収集した情報について、キャッチコピーの表現から今の時代や諸問題

等を分析的に読みとることができる。（1時間）

⑤　キャッチコピーの表現から読みとった内容を整理し、項目を立ててわかりやすく説明することができる。（1時間)[8]

3）指導の工夫と特徴

　学習者にとってなじみのある新聞の折り込みチラシを扱った実践である。1週間前に学習の予告を行い、学習者各自に収集させることで、学習への主体的なかまえを作らせることにつなげている。収集したチラシを、集計用紙で分析させる学習から入ったが、学習者にとって、日常的には見慣れたチラシも、「専門的な言葉が多くて、いろんなことが書いてあって、読むだけでも大変」であり、「きつい作業」であったという[9]。

　こうした過程を踏まえて、次に、分析に焦点化した学習が行われた。最初は個での学習として、「『こんな家に住んでみたい』という家を一軒決める」「その家のチラシをもう一度よく読んで『住んでみたいと思った理由』をノートに書く」「その家のチラシについて『疑問に思ったことや気になったこと』をメモしておく」という指示のもとでの取り組みとなった。それぞれの結果を学級全体の表にまとめ、資料とした。次時に3人グループを組ませ、資料について分析し、発表会の準備にあたらせた。学習者による分析結果としては、次のような声があった。

　　「キャッチコピーの中には、『風』『水』『緑』『丘』『空』みたいな『自然に関することば』がすごく多くて私が数えただけでも30はあった。やっぱり自然と共存したいっていうか自然にあこがれてるっていうイメージがある」
　　「『未来』とか『進歩』という言葉も多いよ。『明るい未来』に期待しているのかなあ」……
　　「横文字が多いっていうのは日本人が『舶来コンプレックス』だっていうことだと思う。車の名前だってほとんど横文字だし」
　　「すべてにいえることだけど、大げさに言ってるって感じ。『未来に住む』

とか『超高層を抜き去る』とか『丘を買う』とか。これ不可能だよね。
……意味不明なんだけど、なんか心をつかまれたような、人が予想もし
ないようなコピーが多い」[10]

　上記のように、学習者は結果的に、オーディエンスやコンテクスト、コン
ベンションについて着目していた。分析をもとに、発表会が行われた。その
振り返りにおいて、次のような感想があった。

　　「……たとえば『駅に近い』と書いたら、『線路に近くてうるさい』か
　もしれないし、またそれと同じ考え方で見ると、『丘からみえる』って
　ことは『高くて坂道をあがるのが大変だ』というのも言えるし、……本
　当に読むのに命がけだなぁーと思いました。高い買い物だし」[11]

　折り込みチラシというメディアは、日常的には眼にしていても、それをじっ
くりと読んで考える機会は学習者にとってそれほどあるものではなかったよ
うだ。そうしたなか、自らの興味関心を深めていき、コピーが語っている側
面と、それと表裏一体の語っていない側面についても合わせて読む必要性に
気づいた点で、学習の深まりがうかがえよう。なかには、実際に物件を見に
行って確かめた者までいたという。メディアが媒介しているイメージの感化
力の強さに気づいたがゆえの「検証」であろう。メディアの特性を学ぶうえ
で、生きた読み解きの学習経験となったことがうかがえよう。

4　「ニュースがまちがった日」（実践者：長野県美須々ヶ丘高校　林　直哉）

１）指導目標

　林が顧問を務める同校放送部の取り組みであり、1994（平成6）年に起き
た松本サリン事件の事件報道のあり方を検証する7分間のラジオ番組制作を
目標とした活動である。同番組はNHK高校放送コンテスト全国大会で最優
秀賞を獲得した。

２）指導計画

　同事件は、同校から１キロほどの現場で起き、神経ガスによる死者や負傷者を多数出した。事件直後、第一発見者が被疑者とされた。ところが、報道では、犯人であるかのように扱い、その内容も日ましに過熱していった。後に真犯人がオウム真理教であることが判明し、誤報が明白になったことから、報道機関は謝罪を行った。こうした経緯を受けて、同部では第一発見者へのインタビューを試み、報道被害の実態を知ることとなった。部員は「なぜ人権に配慮される情報化社会において、このような報道被害が起こったか」という憤りをつのらせた。一方、林は「事件に関わったマスメディアに真正面からぶつかり、取材した記者たちに直接話を聞かなくてはならないようだ。はたしてそんなことが可能なのか」[12]と考えたという。

　活字として残らないこと、映像による感覚的なイメージを利用しやすいことから、新聞よりもテレビの方が影響が大きかったことが話し合われた。林は、当初、等身大の高校生に引きつける切り口が見つけにくい点に違和感を感じたが、部員の熱意に触れていくなかで、「高校生というどこに対しても利害関係のない立場をいかして真正面から向き合おう」[13]と思い直すにいたり、放送部として全力で取り組むことを決意した。

　長野県内にあるテレビ局を対象として、最前線で活躍する若い記者に的をしぼった取材を行った。取材をとおして、「初期報道における混乱や、記者個人の心の痛みやジレンマについて、強く共感」[14]し、マスメディアの弱さにも気づく一方で、「一人ひとりの記者は傷ついていても、またどこかで同じことがくり返されるであろう」[15]という感触を得たともいう。権力機関としての報道と、そこで働く個人の苦悩とのバランスに悩みながらも、結果的には報道への懐疑的な要素の強い番組としてまとめられた。それゆえ、テレビ局の報道部長やチーフプロデューサーからは厳しい批評もあったものの、同番組は受賞の栄に浴した。

　その翌年、同部では、この問題をさらに掘り下げていった。その過程で、再発防止の対策のあり方を探究し、さらには、報道への批判を行った自分たちにしても、演出を行っていることへの気づきを得た。メディア・リテラシー

という概念と出会い、その重要性を深く理解していった。実の場での交流から部員たちが、発見をし、学び深めていく過程の意義については、林らの著書、ならびに、林直哉『高校生のためのメディア・リテラシー』（筑摩書房、2007年）に直接あたって、受けとめていただきたい。

３）指導の工夫と特徴

　同部は、平日夜遅く、さらには日曜日にも活動した。顧問も部員もそれぞれ家庭の理解なしには実現し得ない難業である。けれども、あえてこうした取り組みを進めているのは、林が活動を通して得られる価値を次のように理解していたことにもとづく。

　　どんなに苦しい調査活動でも、どんなにきびしい学習環境でも、自分が見つけた疑問に対して、生徒たちはくいついてくる。それは、自分の気づいた「なぜ」を追求できるからであり、世の中が「わりきれることばかり」ではなく、「矛盾をはらんでいること」を体感できるからだ。……
　　私たち顧問には、彼らが納得いくまでその疑問を追いかけられる環境をつくること、そして生徒にとって乗り越えるべきひとつのハードルとなり、ともに考えながら協働作業をおこなっていくことが求められた。それは、教える・教わるという関係ではけっして成りたたない、指導者である大人と活動の主体である生徒とが、たがいの特性をいかしたコミュニティを形成してはじめて成りたつことでもあった[16]。

　誰しもができる取り組みではないことはたしかである。けれども、林が獲得した経験知のなかには、わたしたちが傾聴すべき叡知が含まれていることも、またたしかである。林が指摘しているように、「自分が見つけた疑問」、すなわち「問い」の重要性、そして、それを追究していくから生じる価値は、探究学習としての原点を把捉するうえで欠かせない。また、取り組みに際して、林は、学習者の自主性に委ねるのではなく、「指導者である大人と活動

の主体である生徒とが、たがいの特性をいかしたコミュニティ」における「協働作業」の重要性を強調している。ここでの「指導者」とは、昨今、コーディネーターやファシリテーターといった用語によって理解されているような、一歩下がって裏方として支援に従事する者といった含意ではない。むしろ、時には学習者の正面に立ちはだかり、学習者の「ハードル」となる、積極的に関与する者として位置づけられている。林が運動部における顧問の役割と類比的にとらえている点に注目したい。学習者のために整えるべき環境のなかには、時間も含まれている。この点に関して、次のように述べている。

> 指導する側にとってみれば、膨大な時間をともに費やすことができる環境をもち、自分自身が学ぶ楽しさを感じないかぎり不可能な活動かもしれない。……カリキュラムで組まれた時間のなかで効果を上げるには、相当の仕掛けが必要だろう[17]。

「相当の仕掛け」を作る必要性はもちろんであるが、「自分自身が学ぶ楽しさ」という点では、教師自身のあり方までもが問われているのである。

三　授業づくりのヒントとこれからの課題

以上の先行研究から、わたしたちがつかむべきヒントが見えてくるだろう。

第1に、学習者の日常的な問題意識に寄り添って進めていく必要性である。探究学習にとって重要なのは、その出発点にある問いである。ここでの問いとは、一般的な学習のように、教師側が与え、学習者がそれを解くサイクルでのそれではない。学習者自らが、問いの種子を発見し、問いとなるまでに伸長させ、探究の起点を同定することが鍵となる。黒尾実践にあったように、学習者自身にメディアと向き合わせるために、探させたり、学校に持ってこさせたりといった働きかけからも手がかりが得られよう。

さらに、林が述べたように、放任とはちがうことも押さえておきたい。学習者の反応を見取り、適切な助言や介入、疑問を投げかけることなどによっ

て、出発点にあった問いを深めていく協働作業を心がけたい。

　第2に、ゴールを共有しての取り組みを進めていく必要性である。林実践でのラジオ番組、あるいは、遠藤実践にあったように、教師自身の作品を示すことで、学習者の興味を喚起し、親しみのなかで、学びの方向性をつかむ方策にも眼を向けたい。評価の観点もあらかじめ明示しておくと、学習の焦点化にもつながるはずである。観点を踏まえ、工夫を凝らしメディアで表現し、オーディエンスに届ける活動は重要な学習経験である。

　第3に、バーチャルとリアルの両極のメディアを往還する必要性である。ディスプレーに映写された文字や数字、記号は高度に抽象化され、わたしたちに何らの感興も喚起させない。けれども、近藤実践によって明らかにされたように、具体的な顔の写真が体育館一杯に貼られた光景は、わたしたちの分かり方に衝撃を与える。音声言語が復権した際にも強調されたことであるが、声や身体をとおした生きたコミュニケーションの重要性を再認識したい。一方で、遠藤実践や林実践に象徴的であったように、学習者自身の体験が強烈な場合、リアルなコミュニケーションはもちろん、その一方で、バーチャルなコミュニケーションとの回路を開くことで、いま＝ここで起きていることを見据えるための視座を確保することにつながるのである。

　SNS上で友人を侮蔑することに抵抗を感じない者は、実際の対面の場面で、相手はもちろん、皆が注視している空間のなかでの行為と等価であることを認識できているのだろうか。両極をつねに往還することができる思考力、往還する知性こそが欠かせない。

　第4に、以上の事例のうち、林実践・近藤実践の2例は課外活動であり、黒尾実践・遠藤実践にしても、授業時間の前後に相応の時間と労力をかけたからこそ得られた成果であった。いうまでもなく、探究には相応の時間が不可欠である。この10年あまり、単元に時間をかけることが何かよくないことであるかのような誤った反応を耳にする機会が増えた。文学教材のいきすぎた精読主義への警告が、精読は不要という誤った理解を促し、時間をかけてじっくりと読み深めるのではなく、短時間で進めるのがのぞましいといった判断となり、いつしか〈常識〉となった。誤った〈常識〉に支配され、探究

学習は時間が必要だからという理由だけで、実践に尻込みすることは退行現象といえよう。本質を理解し、先行研究から多くを学び、実践として具現化することが求められている。近年、報告されはじめた国際バカロレアにおける各種の学習活動も示唆となろう[18]。教育上のシステムにおいてはちがいもあるが、基盤を成す概念をはじめ、有益な手がかりが見出せよう。

　メディアは根源的な存在であるだけに、その学習の意義も甚大である。けれども、一節で述べたように、現時点におけるメディアの進展からすれば、実践として開発すべき部分も少なくない。読者諸賢によるさらなる挑戦を期待したい。

注

1）井上尚美『言語論理教育入門』明治図書出版、1989年、49頁。

2）遠藤瑛子『生きる力と情報力を育てる』明治図書出版、1997年、94頁。

3）同上、124頁。

4）近藤真『コンピューター綴り方教室―子どもたちに起きたリテラシー革命』太郎次郎社、1996年、119頁。

5）南部敏明「原爆死"10万人"のイメージ」、高文研編『続文化祭企画読本』高文研、1988年、42-43頁。

6）近藤、124頁。

7）近藤、125頁。

8）黒尾敏「どんな家を買おうかな―不動産広告（新聞の折り込みチラシ）から時代を読み解く」、井上尚美編集代表・芳野菊子編『国語科メディア教育への挑戦　第4巻　中学・高校編』明治図書出版、2003年、147-148頁。

9）黒尾、154頁。

10）黒尾、156-157頁。

11）黒尾、160頁。

12）林直哉・松本美須々ヶ丘高校放送部『ニュースがまちがった日』太郎次郎社、2004年、55頁。

13）林他、58頁。

14）林他、82頁。

15）林他、89頁。

16）林他、118-119頁。

17）林他、119頁。

18）半田淳子『国語教師のための国際バカロレア入門―授業づくりの視点と実践報告』大修館書店、2017年。

中村純子・関康平『中学国語「探究」と「概念」で学びが変わる！　国際バカロレアの授業作り』明治図書出版、2019年。

参考文献

井上尚美『言語論理教育入門』明治図書出版、1989年。

遠藤瑛子『生きる力と情報力を育てる』明治図書出版、1997年。

遠藤瑛子『人を育てることばの力―国語科総合単元学習』渓水社、2003年。

黒尾敏「どんな家を買おうかな―不動産広告（新聞の折り込みチラシ）から時代を読み解く」、井上尚美編集代表・芳野菊子『国語科メディア教育への挑戦　第4巻　中学・高校編』明治図書出版、2003年、146-162頁。

近藤真『コンピューター綴り方教室―子どもたちに起きたリテラシー革命』太郎次郎社、1996年。

中村純子・関康平『中学国語「探究」と「概念」で学びが変わる！　国際バカロレアの授業作り』明治図書出版、2019年。

南部敏明「原爆死"10万人"のイメージ」、高文研編『続文化祭企画読本』高文研、1988年、42-43頁。

林直哉・松本美須々ヶ丘高校放送部『ニュースがまちがった日』太郎次郎社、2004年。

林直哉『高校生のためのメディア・リテラシー』筑摩書房、2007年。

半田淳子『国語教師のための国際バカロレア入門―授業づくりの視点と実践報告』大修館書店、2017年。

第八章
足元の暮らしから迫る「伝統的な言語文化」

村上　呂里

はじめに

　「伝統的な言語文化」学習は、これまで「探究学習」を企図して積み重ねられてきたわけではない。本章では、実践史を繙きながら「探究学習」の拠り所となる実践を掘り起こし、そこから導き出されるヒントを明らかにしていきたい。

　最初に、原点としてデューイに遡り、「探究学習」のエッセンスを先行研究[1]に拠り確認しておく。

(1)　「探究」とは不確定な状況の諸矛盾を直観することから生まれる〈問い〉の探究過程＝a doubt inquiry processである。また「探究」＝「反省的思考（reflective thinking）」であり、経験の「質」を知性的な経験へと変容させ、探究者の「諸意味の拡充」＝「意味の洗練、活性化、豊富化」をもたらす。

(2)　「社会的探究」は「人間の諸問題」を取り扱う「包括的な探究方法」であり、本来的に「協働的」かつ「共感的」となる。「共感」は多様な他者の立場に身を置いて物事を見る「優れた平衡感覚」をもたらし、「複雑な状況を解決するための優れた道具」である。そして個人の経験を「包括的な理想（人類という終わりのないつながり）」へと結びつける共感とコミュニケーションは、「想像力」を伴う活動である。

(3)　「探究」においては「探究の方法」が重要であり、「知識の獲得」は二次的なものとされる。探究のプロセスには「観察作用」と「概念作用（観念作用）」のリズム（論理的思考過程）があり、そのリズムが繰り返され

ることによって「未来にむかってたえず再構築される未完の行為」となる。

　これらを踏まえると、「伝統的な言語文化」の領域における探究学習は「社会的探究」そのものであり、探究者の「諸矛盾への直観」を出発点に複雑な状況を生きた 古(いにしえ) の人びとへの共感を育み、想像力を以て「人類という終わりのないつながり」への参加を可能とする。そのことを通して、学び手（探究者）の生きる意味を「洗練、活性化、豊富化」する意義を持つといえよう。そのプロセスでは「探究の方法」の意識化が重要であり、 古(いにしえ) の人びとへの共感を「概念作用」によって知的経験へと組み換える学習が求められる。また教師は教え導く者より、共に課題を探究する「協働探究者」であることが求められる。

　こうした点に留意し、以下、小・中・高校の実践事例を紹介し、そこから探究学習へのヒントを導き出したい。管見では、講義型が主流と思われがちな高等学校において、探究学習への示唆に富む実践の層が厚い。その出発点としては、西尾実によって「問題意識喚起の文学教育」と定位された、荒木繁の「民族教育としての古典教育」実践[2]があり、「文学の古典の探索は、なによりも、喪失した人間性と見失った多様なことばの用法を、回復する手がかりたりうる文学の探索でなければなるまい」と説く益田勝実による古典文学教育論[3]がある。さらに増淵恒吉による「課題学習の方法」の提起[4]があり、今日を生きる学習者の問題意識と古典との出会いを求めた加藤宏文、片桐啓恵、牧本千雅子、世羅博昭、渡辺春美らによる主題単元学習の積み重ねがある[5]。渡辺は、古典の価値は「学習者の主体的な読みによって創造的に見い出される」とする「関係概念」に基づく古典教育論を提起し[6]、「関係概念」に基づく古典教育論は、探究学習への示唆に富む。これらの礎に学びながら、以下、述べる。

一　小学校における実践例

　小学校では、音読・朗読等を通して「伝統的な言語文化」に親しむ学習が

多く、「探究」を意識した実践の層は薄い。そうした中から、二つをとりあげる。

1　「子ども歳時記」(小学5年生)(鈴木桂子)[7]

1）授業者の願い

　思春期を迎え、生と死など多くの不安や疑問を抱えた子どもたちの姿に、授業者は「実は人間の根本にかかわることについて真剣に考える、生き生きした心の動きがあ」ることを捉えた。そこで折にふれ、季節感のあふれる言葉や自然の名称、日常何気なく使われている言葉の語源や歴史性、生活とのかかわり等を話す中で、「自分を取りまく自然や言葉の歴史の重み、そして今ある自分が遠い祖先から大事に守り育てられてきたのだという自覚が子ども達の心を落ち着かせ」ることに気づき、歳時記づくりに取り組むこととした。

2）学習の展開

⑴　「自分色のいっぱいつまった」歳時記を作ろうと呼びかけ、授業者が作成したモデル「日本の夏」(時候・天文・地理、生活・行事、動物・植物の項目について季節の言葉を集めたもの) を配付し、それを参考に「私の夏」を書かせる。そこに出てくる季節の言葉を集め、「クラスの夏」の表に貼っていく。以降、秋、冬も同様に学習を進める。

⑵　そこから1人1つの季語を担当することとし、子どもが書き込める自由形式の空白部分を位置づけた1人1枚の歳時記を手渡し、授業者のモデルを参考にしながら、そこに自分で調べたこと (解説) や俳句、思い出、資料、写生など自由に書き込み、完成させていく。夏、秋、冬となるにつれ、自由形式で書き込む空白部分を増やしていく。「世界の一枚、あなたのための教材なのだから。」という言葉が、子ども達の意欲を高めたという。また、授業者が1人1人にペンネームを付けてあげるなどの手立ても書く意欲を高めた。民俗学の本など自分でどんどん調べて書く子どもも生まれた。

（3）　仕上がった歳時記（図1）をもとに発表会をする。

こうした学習を通して、児童は図2のような感想を述べている。

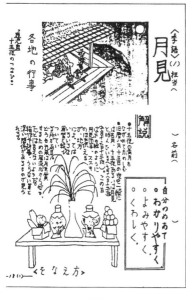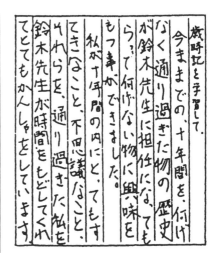

図1　　　　　　　　　　　　図2

3）探究学習へのヒント

（1）　教師が子ども理解を深める過程で、思春期を迎える不安を抱えて日々を送る子ども達の心身の根っこに響く課題を設定している。「自分色のいっぱいつまった」歳時記づくりという課題設定は、自然の中で生きる多様な命の響き合い（横糸）と、そうした命と共に生きてきた先人の営みの連なり（縦糸）のなかに自らの命があることを実感しながら、生きる意味を豊かに紡ぐ「自分づくりの学び」として有効であった。

（2）　教師や身の回りの大人が「探究する人」のモデルとなり、自らの作品を提示することで、子ども達の探究や作品づくりの「足場」となった。

（3）　個性化（「自分色」の創造）を学習の基本としながら、「私の夏」を集めた「クラスの夏」を掲示して作業を進め、学びのコミュニティ（共同体）

の中で「自分色」を追究できる単元デザインとなっている。

2 「ことば博士になって、『ことばの道』を想像しよう～「月ぬかいしゃ」～」(村上呂里)[8]

1）授業者の願い

　本単元は、沖縄県離島にある石垣空港で流れてくる子守歌「月ぬかいしゃ」を学習材として展開される。「月ぬかいしゃ」は、地域の人びとの耳になじんでいる。しかし、「月ぬかいしゃ」がなぜ「月が美しい」という意味となるのか、その語句の由来まで知る人は少ない。そこで、石垣市内の小学校で6年生を対象として、「かいしゃ」の由来を「ことば博士」になって推論し、説を立てる授業を試みることとした。

2）学習の展開

⑴　「ちゅらさん」などでよく知られる「ちゅら」を例とし、「きよ（清）ら」→「ちゅら」へと音声が変化する道筋を音声でユーモラスに表現してみせ、ことばには見えないけれど「ことばの道」があり、その道を通って変化することを視覚的にイメージさせる。

⑵　「かげ」の3つの意味（①光、光源、②姿形（月影、星影など）、③光が当たってできる暗い部分）について、教具（ライトでお月様とうさぎの姿を影絵で映し出す）を用いて視覚化して示し、その意味がつながり合っていることを確認する。

⑶　「かげをさがせ！」という短冊を貼り、「かいしゃ」という語句に「かげ」が隠れていることに気づく。

⑷　なぜ、「かいしゃ」が「美しい」という意味なのか、ことば博士になって説を立てる。グループで説を説明するポスターを作成し、発表する。

⑸　終了後に、それぞれの説の良さを認めた上で言語学者の説を提示する。隣の宮古島では「かぎかむ」が「美しい」意味となり、「かげ」から「ちゅらかーぎ（美しい姿）」などのことばも生まれていることを示す。

３）探究学習へのヒント

　「ことば博士」になるという設定のもと、語句の由来を探究する立場に学び手を立たせている。地元で耳から親しんでいる「伝統的な言語文化」をめぐり、日本古語（通時的）や他地域（共時的）との関係について、自ら探究する立場に立って初めてその言語的位置に気づくことができる。語句の由来について推論させることは、小中高とどの段階でも取り組むことができ、グローバル化時代に必要なメタ言語意識を育てる。「かげ」のように基幹となる他の語句を選び、ぜひ取り組みたい。

　小学生においては、説を立てる手がかりとなる情報を、ゲームや視覚化などの手立てで楽しくわかりやすく提示し、スモールステップを踏んで、土台となる知識をしっかり共有させてから推論する立場に立たせることが重要となろう。

二　中学校における実践例

１　「日本の美の伝統をさぐる―古典に学ぶ―」（大村はま）[9]

１）授業者の願い

　あるとき、女子生徒達に「あの少女があれだけ夢中になった源氏物語ってどんなことが書いてあるのですか」と質問攻めに会い、古典に「親しむ」というところに止まらない、「その上の古典の学習をしてよい」と思うようになった。

２）学習の展開

　教科書『中等新国語』三（光村図書）に収められた３つの解説文、⑴三好達治「俳句の鑑賞」より「夏草」に関する部分、⑵「豊旗雲―『万葉集』『古今和歌集』『新古今和歌集』から―」⑶池田亀鑑「日本の美の伝統」を資料とし、「日本の美の伝統」という主題で単元を組んでいる。資料を通し読みした後、指導者が席を移してグループで話し合いのリレーをしてい

く。第四グループのところで、「古典に学ぶ」をサブタイトルとして、単元名を考えることとする。第五グループでの話し合いは次の通りである。

　　T　いいことばがありますか。
　　○　日本の美の伝統を「さぐる」／○　伝統を「学ぶ」
　　○「考える」／○伝統を「求めて」／○伝統の「発見」

　話し合いを経て「さぐる」に決まる。その後、「日本の美の伝統」をとらえる観点を考えたり、俳句を口語詩に表現したりする学習を経て、最後に「"日本の美の伝統をさぐる"ための私の読書計画」を立て、読むべき本の一覧表を作成する。

３）探究学習へのヒント

　「古典に親しむ」学習を経て、自ら読書計画を立てることを通して、主体的に伝統文化を「探る」＝探究の構えをつくる単元である。テーマを決め、「読書計画」を立てる学習は、探究の方法を学ぶという観点から生かしていきたい。

２　「自己の内なる問題と向き合う国語教室の実際─単元　一句との出会い　心ひかれる季節のことば（中学校三年）の場合─」
（伊木洋）[10]

１）授業者の願い

　伊木は学校図書館との連携を図りながら、学習者に「自らの好きな季節」を選ばせ、次に「心ひかれる季語」を拾って俳句の探索へと進み、さらに「心ひかれた一句を選ぶ」という単元を組み立てている。心ひかれた一句との出会いを通して、「自分がその句のどのことばとどのように出会ったのかを記すことを契機として、自己の内なる問題を自覚的にとらえさせたい」と願っている。

２）学習の展開

第１次　俳句の特質を知る。

　三好達治の「街頭の風を売るなり風車」を学習材として、発想や表現を味わう。

第２次　学校図書館を利用し、歳時記などのブックリストを配付し、学習の手引きに従い、次のように学習を進める。

⑴　好きな季節を選び、その理由を書かせ、一人ひとりの季節に対する感覚を学習の起点とする。

⑵　自分が好きな季節の歳時記を一人ひとりに手渡し、心ひかれる季語を拾い、メモさせる。その季語を詠み込んだ句を集めるために、学習者一人ひとりが歳時記や文献を読むことに没入し、たくさんの俳句と出会っていく。

⑶　集めた俳句から、発表会で紹介したい、とりわけ心をひかれた一句を選び、心ひかれたことばとその理由を書いていく。引用文献についてもきちんと書く。

　ソフトボール部のキャプテンとして悪戦苦闘していたM・Nさんは、「仙人掌の針の中なる蕾かな」（吉田巨蕪）を選び、「この一句に心ひかれた理由」を、「とげのなかにあるやさしさ、愛情みたいなものがこめられていると感じるからです。」と綴っている。そこに伊木は、「この一句を選んだM・Nさんの決意」を感じ取っている。

　「この一句を選ぶ」過程で、学び手の「自己の内なる問題」と俳句とが響き合い、その出会いを通して学び手の内に新たな生きる意味がひらかれていくのである。

３）探究学習へのヒント

⑴　「自己の内なる問題」の発見・自覚化と「この一句を選ぶ」という方法論

　　伊木の実践に貫かれているのは、「伝統的な言語文化」との出会いによる「自己の内なる問題」の発見・自覚化という柱である。その柱において、多くの優れた「伝統的な言語文化」と触れ合い（量的広がり）、そ

の中から「この一句を選ぶ」（質的深まり）という方法論が生きてくる。
(2)　学校図書館との連携による「探究の方法」の習得
　　探究学習においては、多くの文献資料を探索して、自分にとって必要
な情報を選ぶ力が重要となっている。伊木は、たえず学校図書館司書との連携を大切にし、ブックリストを作成し、学校図書館をフルに活用している。この学習を通して、図書館活用という「探究の方法」が身に付き、生涯を通して学び続ける学習力として熟してゆくであろう。

三　高等学校における実践

　高等学校の数多い実践事例から、「源氏物語」学習２つ、郷土を土台とした学習、漢文学習、小中連携による学習の５つを紹介する。

1　「源氏物語の女君」（岩永克子）

１）授業者の願い

　活水高校の岩永克子は、高校２年で「源氏物語の女君」という単元学習を行っている。管見ではこの実践は公文化されていないが、手元にある『一九八七年度・国語科通信集　国語だより』（活水高校国語科Ⅱ年岩永克子発行。1987（昭和62）年４月〜1988（昭和63）年３月）と『源氏物語の女君』（その一）（その二）を資料とし、授業者の願いを推し量ると次のようである。
　岩永は、11月から12月にかけ、歴史物語「大鏡」を学習材とする「古典新聞づくり」を行った後、「女に関する16章―現代ジャーナリズム考」という新聞記事を学習材とする学習に取り組んでいる。14社の新聞１ヵ月分から女性に関する記事を選び、「パート労働」「女性と労働」「企業の動き」「時代を創る女性たち」など16章に分類し、グループ毎に担当して整理・考察し、意見文を書く。
　この学習と相前後して、「源氏物語の女君」という単元学習を行う。女子校での実践ということで「女性の生き方」というテーマが貫かれ、現代文と古典とが連関されて学習が行われている。「これから様々な矛盾と直面する

であろう女子生徒達に、女性としての生き方を探究してほしい」という岩永
の願いを感じ取ることができる。

２）学習の実際

（1）　教師自身による「源氏物語の女君」論のモデルの提示

　　導入において、岩永自身が「紫の上」の登場に焦点を当てた人物論を
綴っている。

　　「顔はいと赤くすりなして立てり―若紫の巻―」という題名の「国語
だより」（1987（昭和62）年11月16日付け）では、紫の上だけがいきなり
登場する点を捉え、「女性が生身で生きているというより、家の一族の
中にからめ取られて生活している存在」であった時代に、一切の係累か
ら切り離された少女として光源氏に引き取られ、「自分自身の価値のみ
で輝いている存在」であったと述べる。「幸い人　紫の上―若紫その後」
（1987（昭和62）年11月20日付け）では、光源氏の妻として「幸い人」と
呼ばれながら、後見人も実子もなく、女三宮の降嫁を経て、不安定な身
分や光源氏とのすれ違いに苦悩するありようを描き出し、「女は生きる
ことも死ぬことも出家することも」自分の意志で選ぶことができないと
論じている。

（2）　学習者による「源氏物語の女君」論

　　こうした岩永自身の「紫の上」論をモデルとして、おそらくかなりの
時間をかけ取り組んだであろう生徒達の「源氏物語の女君」論がB５版
の冊子にまとめられている。全14名分、186頁からなる冊子であり、１
人あたり平均10頁を超える論文となっている。例えば、「藤壺論」を見
てみよう。

　　まず、「名称の由来」「系図」という項目が立てられ解説された後、「物
語への登場の場面」「主要な場面」の原文と現代語が丁寧に書き抜かれ
ている。

　　つぎに「構想」という項目では、以下の章立てが構想されている。

　　（一）桐壺の更衣との類似―紫の上との類似

（二）　藤壺の苦悩

　　（三）　出家の理由

　　（四）　藤壺は幸せであったのか

　　（五）　参考文献

　この章立てに沿って、「本論」が展開される。（四）では女性として最高の身分を得るが、それは藤壺を幸せにせず、「藤壺ほどこの物語で苦悩に耐えた女性はいない」と評している。大学生のレポートにも相当する分量であり、何度も探究的に読み深めなければ書けない論文である。

３）探究学習へのヒント

⑴　女子校という場で、女性の生き方の探究という課題意識を貫き、古典学習と現代文との連関を図ることで、古（いにしえ）と現代を結んで自らの生き方を深めることができる。

⑵　「構想」を意識させる

　「構想」を下書き段階での「隠れた存在」にせず、章立てに顕在化させることによって、「探究の方法」と論理展開過程を意識化させることができる。論文の「構想を立てる」学習は、「探究の方法」を学ぶ上で重要な意味を担うだろう。

２　渡辺春美「『源氏物語』学習指導の試み」[11)]

１）授業者の願い

　渡辺の数多い実践の中から、岩永と同じく「源氏物語」を学習材とし、「様々な愛の形」をテーマとする学習を取り上げる。渡辺は、次のように述べる。

　　生徒の関心や興味を引くような主題（授業者のとらえる主題―以下同様）、共感や反感を持つことによって自らを確かめ得るような主題、あるいは、刺激し揺さぶることによって自らを問い、考えを深め得るような主題に貫かれた場面を切り取る。主題に貫かれ鮮やかに形象化されたそれぞれの場面を、学習テーマの下に、授業で発展的に関連づけて扱う

ことによって、あるいは比較対照することによって、くっきりとしたものにする。そのような授業を試みることによって、生徒は、「ものの見方、感じ方、考え方」をより深めることができるのではあるまいか。

　現代社会に生きる生徒の生きる問いを揺さぶり、自己の創造へとつなげる学習思想がぶれることなく一貫している。

　「『源氏物語』─様々な愛の姿─」を年間テーマとする単元学習を、渡辺は三度試みている。その中から、一回目の学習の様子を紹介する。

２）学習の実際

　年間テーマ「様々な愛の姿」の下に小テーマを決め、教材を組み合わせ（教科書教材と教科書外の教材）、感想文を書く。感想文に対しては、◇評言（良い点を誉め励ますこと、きっかけとして考えを深めることができるように配慮する）、◇優れた感想文の配付（各自の読み・考えと突き合わせて考えさせる）の２点を、ものの見方、感じ方、考え方を深める手立てとする。

　「源氏物語ノート」（学習記録）を作成し、参考プリント、各自の感想文、優秀感想文、班別学習発表プリント、作文「源氏物語を学んで」などをすべて綴じて、表紙を付けて冊子にする。ノート作成の導入では、表紙に載せるために、源氏物語をアピールする標語を募集し、意欲を高めた。

　生徒の感想をあげる。

　　帝に愛された桐壺と、源氏に愛された藤壺。どちらの女性も愛されたという幸福のうらに、いつもつらい悲しみを持っていた。（中略）今は昔からずっと自由だというけれど、今生きている私にとってはそうは思わない。（中略）愛によって厳しいしくみの中を生きなければならなかった藤壺、それを解決したこの人は、今の私達の見本になるような気がします。

　なお同テーマによる２回目の学習では、班別学習に取り組み、班員は発表

内容を設問形式でまとめ、問い（問題発見）、答える（問題解決）プロセスを経て、内容理解を深めている。問いについては、語句の意味、部分訳、文法、登場人物の心情、心情の比較、表現などがあげられている。たとえば「松虫」や「月の表現」という項目について、場面において担う意味や効果についてイラストも用いて解説するプリントを作成し、発表している。

３）探究学習へのヒント

　生徒の感想を見ると、「世の中のしくみと愛」というテーマが、どの時代にも通じるものの見方・考え方の拠り所となる「概念」として作用しているのではないだろうか。「世の中のしくみと愛」という「概念」を獲得することで、学習者は、自分が直面する矛盾が 古 の人びとも直面してきたことであり、その矛盾を引き受けながら、どのように自らの生を切りひらいていくか、 古 の人と重ねながら自分自身のありようを深めることができる。探究学習をデザインする際には、「月」などのトピック（話題）型テーマとする方法のほかに、学習者のものの見方・考え方の拠り所となる「概念」をテーマとする方法があること、それが生きることへの探究的姿勢をつくることを、渡辺の実践は教えてくれる。

３　「グループ学習を中心とした古文指導　変革期を生きた人々 —平安末期の神戸を中心に—」（牧本千雅子）[12]

１）授業者の願い

　牧本による数多くの単元学習の中から、兵庫県立長田高等学校における地域に根ざした探究学習「変革期を生きた人々—平安末期の神戸を中心に—」を取り上げる。この学習は、平安末期の神戸に焦点を当て、変革期を生きた人々について「少しでも深く考えさせ」たいと願って行われた。

　なぜ、郷土なのか。

　　　私たちは今生活している風土は、かつて先人がこの地に立ち、心の底から言葉を発し、いのちを輝かせた歴史的な時の流れを脈々と背負って、

現在に至っている。思いを言葉に刻んだ先人と言葉の刻まれた風土を生きる私達とは、身近な風土を学習に取り込むことによって、よりひたひたとした出会いをつくり出せるだろう。

　先人と自然・風土を共有する「郷土」を足場とする学習を展開することによって、先人の「心の底から」の言葉との「よりひたひたとした出会い」、すなわち今を生きる自分と響き合う言葉として出会うことができるのである。

２）学習の展開
　神戸に 縁 のある人物が登場する教科書教材と各種郷土資料を総合的に組み合わせ、文献探索、聞き書き、現地調査、パンフレット収集、朗読等の学習活動により、神戸・平家マップづくり、福原遷都新聞、京都炎上ルポルタージュ（当時の人にインタビューし、実況中継する）、平家物語事典作成など多彩な言語活動に取り組んでいる（図３）

３）探究学習へのヒント
⑴　郷土を足場とすることの意義
　郷土を足場として教科書教材を再編することで、古典の世界を自分の足で探索し、身近に感じ取り、そのことを通して「個人的に今後も調べていきたい」などの意欲も生まれている。こうした学習を高校時代に体験することは、郷土史に関わる人材や内容の層を厚くし、生涯にわたって「探究する人」を育てることにつながるだろう。
⑵　教師自身が「探究者」であること
　この学習は、教師自身が「探究する人」でなければ成り立たない。日頃から教師自身が、郷土の伝統的な言語文化に対して探究的な姿勢で教材発掘、現地調査、資料探索等をすることの大切さを示している。

〈資料㊀〉

グループ学習　単元　**変革期を生きた人々―平安末期の神戸を中心に―**

次	目標	中心学習材	補助学習材	グループ学習（例）
		（一斉授業）読んでほしい資料を挙げたが、ひかれた以外にもすすんでよい資料・文献を探してみよう。		☆印は全グループ共通（B4にまとめる）。○印は取り組むと良い例。人物研究等の子をまとめよう。工夫して研究しオリジナルの製作をしよう。
○	単元の目標と取り組み方を確認する。	『方丈記』養和の飢饉（プリント）	・『方丈記』「養和の飢饉」小学館古典文学全集	末世サイクリー「大飢饉」号外　発行（牧本）
Ⅰ	変革期を生きた人々の生き方・考え方を冒頭文の表現の特徴を通して理解する。	『方丈記』ゆく河の流れ（教科書）	・三木紀人『長明小伝』（新潮日本古典集成『方丈記・発心集』解説）・『国語便覧』『日本文学史』・市古貞次『方丈記』岩波文庫	☆通釈・文法研究・内容の整理 ◎主題・思想をまとめる 対句表現など表現技巧の整理 ◎『方丈記』情報事典　隠者の文学考 年表で全体の構成・特徴・草庵での生き方
Ⅱ	無常の具体例の叙景・描写を読み、当時の社会について考える。	『方丈記』安元の大火（教科書）	・『平家物語』巻一「内裏炎上」・鴨長明『方丈私記』1・2・3 ――東京大空襲と重ね合わせて読む・述べ方に注意して読む・『方丈記』の他の厄災の記述を	☆通釈・文法研究・内容の整理 ◎『京都炎上マップ』 厄災の中の人々の形 当時に戻って実況中継のように遺族に知らせる 町の人・役人などにインタビュー　被害の様子 当時の京都の地図と火事の部分を調べてみる 他の厄災について調べる
Ⅲ	遷都のいきさつや様子を再現し、都遷りの理由などについて調べる。	『方丈記』福原遷都（夏休み問題集）	・『平家物語』巻五「都遷」「月見」「物怪之沙汰」・落合重信『神戸の歴史・研究編』	☆通釈・文法研究・内容の整理 ◎福原京復元 現地調査　遷都の背景・実情・歴史　遷都の理由 宮司さんに住職さん・郷土史家にインタビュー 荒田神社（安徳天皇行在所跡）雪の御所 雪見御所（清盛邸）源平武士の碑　旧跡など
Ⅳ	平家物語の内容や無常思想、平曲などについて理解を深める。	『平家物語』祇園精舎（教科書）	・石母田正『平家物語』・土井音吉・水原一『わたしの平家物語』・水原一『平家物語を読む』・小林秀雄『無常ということ』	☆通釈・文法研究・内容の整理 ◎対句表現など表現技巧の整理 ◎『平家物語』情報事典　平清盛と神戸 「平曲」について調べ音楽的に表現してみる
Ⅴ	旧都を懐かしむ人の心や、女院の思いを考える。	『平家物語』都帰・巻五（月見）（教科書）	・『平家物語』巻十七「田都の月見」・『建礼門院右京大夫集』・水井路子『平家物語の女性たち』	☆通釈・文法研究・内容の整理 ◎『神戸・平家マップ』文学散歩ガイド（史跡地図づくり） 神戸の旧跡・人々 手紙（都に暮らす人や実家から女性への礼状）を書く 建礼門院右京大夫や小宰相身投の心情について感想を書く
Ⅵ	激動の中での武者の生き様や人間というものについて考える。	『平家物語』巻九（敦盛の最期）（教科書）	・『平家物語』巻九（坂落・三草合戦・老馬・二度之懸・二度之懸・忠度最期・知章最期・敦盛最期）（夏休み問題集）巻十（維盛都落）	☆通釈・文法研究・内容の整理 ◎『神戸・源平合戦事典』　勇士群像紹介 三草山・生田の森・一ノ谷合戦の概要と描写 須磨寺現地踏査　宝物・住職さん等聞き取りなど 須磨浦公園内の史跡を確認しよう
まとめ	学習を整理し思考を深め発展させる。	① 激動する時代の中で、野望を燃やして生きた人々、青春の情熱を賭けて生死を運命に任せた人々、観想の中で愛や風雅に生きた人々、功名を争う名を残そうとした人々、無常の出会れ味わい生きた人々……等を生きた激変期を生きた人々の内、神戸にかかわりのある人々（鴨長明、平清盛、源義経、平知盛、知章父子、平忠度、平重衡、安徳天皇、建礼門院徳子、小宰相、藤原定綱、待賢門院、従五位、後白河法皇）について、その時代の生き方をまとめながら、各々の言語活動をし、激動の時代に賭ける生き方についての各々の考えを書く。		
		② 学習したものを各自学習記録として製本する。		

図3

この学習によって生まれた生徒作品をあげる（図4・5）。

図4

海に思う　　　十組　Y・M

　たとえば、海に歴史はあるのだろうか。寄せては返すことを繰り返しながら、いったい幾つのドラマを見つめ続けてきたのだろう。そして、平安末期を生きた人々は、激しい源平合戦の場であった私の住むこの須磨ノ浦に、どんな思いで足を踏み入れたのだろう。

　海は語る。激しい戦乱の世に咲いた彼らの生きざまと、死にざまを。その生涯は、ある人は荒れる海のようであり、ある人は穏やかな海のようであった。世を逃れて隠者として生きた鴨長明は、まるで水面がほとんど動かないくらい、どこまでも静かな海のようである。時々、思い出したように、そよ風のような微風が吹いて、『方丈記』ができたのではないだろうか。時間さえも止まったような穏やかな海が、鴨長明の生き方を写し出している。彼には、福原遷都も波の一荒れであったかもしれない。そして、尽きない欲望を持ち、数々の業績や悪行を重ね強大な権力を振りかざしていた平清盛は、手当たり次第に何もかもを飲み込み、高笑いをあげおし寄せてくる大波のようである。楽しんでいるかのように権力を奪い、派手な波しぶきを立てるあたりに、平清盛の生き方を感じる。最もあわれを誘う最期をとげた平敦盛は、わずかに揺れる水面に月を漂わせた春の海のようである。笛の音を想わせるさざ波に、彼の優雅さや、潔さ、そして敦盛を討った熊谷直実は、夜に聞く波の音のようである。素朴で、しかし深みがあり、今ここに立っている自分を突き抜けて、ずっと奥まで打ち寄せるような波の音に、功績争いの中で見せたやさしさや人間としての真の心を感じる。

　海がいろいろ姿を変えるように、人の生き方もさまざまである。しかし、誰もがスケールの大きな生き方をしていたのだと思う。何にもとらわれず、自分らしく生きていたのだと思う。彼らは心の中に大きな海を持っていた。時代の流れよりもっと大きな流れを自分の中に持ち、意のままに生きる。それが激動の時代にふさわしい。

図5

4　「課題学習を中心とした漢文指導」（田澤峰夫）[13]

　増淵恒吉の「課題学習の方法」に学んだ実践である（大平浩哉による解説参照）。

　唐詩「黄鶴楼」「子夜呉歌」「送孟浩然之広陵」「涼州曲」「登岳陽楼」五首を教材とし、これらを全て課題学習とし、グループ学習の形態で進める。

　「涼州曲」の授業展開は以下の通りである。

⑴　読解の基礎の課題（詩型、口語訳など）について担当班が発表する。

⑵　内容の理解と吟味の課題について、各担当班が発表し、教師が補足する。

　　舞台設定をとらえたあと、たとえば次のような課題について班毎に取り組み、プリント資料なども交えて発表する。

　　○西域の雰囲気を感じさせる語を起句・承句より挙げよ。

　　それらの語は、この場面ではどんな効果をあげているか。

　　○「古来征戦」について、西域の戦争（中国対異民族）の歴史を簡単にまとめよ。

○結句にこめられた心情を中心に、全体を踏まえて主題を簡潔に書け。

これらの発表を終えたあと、漢詩の中国音のテープを聞き、鑑賞する。

(3)　万葉集の「防人の歌」を調べ、暗唱する。

(4)　「涼州曲」の鑑賞文を七百字程度で書く（図6）

戦いに行く者達の気持ちとは、どういうものだろうか。荒寥と広がる砂漠で行われる酒宴。火を囲み、琵琶を奏で……。輝く玉の杯に注がれる葡萄酒。これは明日の戦いの士気を揚げるための酒。砂の上に横になっても、涙を流したとしても、酒のせいにしてしまおう、酔っているせいだと。どれだけ多くの人が、今も砂の上にしかばねをさらしていることだろう。この砂漠の砂にだかれて、故郷の家族のもとにも帰れず……。

王翰は、兵士として参戦したことがなく、まして塞外の地に行ったこともないはずなのに、一兵士としてこの詩を詠んでいる。兵士の恐怖、家族への思いなどが感じられる。

それは、「万葉集」にある防人達の歌にも同じように感じられる。戦いに行った男達の気持ちというのは、どの時代でも、どの国でも変わらないようだ。胡虜が攻め入ってくれば家族を守るために戦う。その胡虜も家族のために戦う。戦争の起こった原因に関係なく、家族を守るためなら、戦わなければならないだろう。

そして、その兵士の家族は——特に妻は、夫が無事に帰って来ることを信じて待っているだろう。李白の詠んだ「子夜呉歌」のように、あるいはきぬたを打っているのかもしれない。

この兵士は、はたして、家族のもとに帰ることができたのだろうか。

（女子）

図6

3）探究学習へのヒント

学習者の基礎学力や知識・教養の土台の上に成り立つ質の高い学習が展開されている。この実践では、教師が教材の核に迫る課題（問い）を設定していることが学習の質を高めている。中国古典と日本古典とをつなぎ、グローバルな視野で「戦争と人間」という課題を探求する学習となっている。渡辺の実践と同じく、「戦争と人間」がどの時代や地域にも通じるものの見方・考え方を形づくる「概念」として作用しているといえよう。

5 「中学校・高等学校における古典教育の研究―『学び方』としての学校間連携―」(杉村修一・藤森裕治)[14]

　杉村・藤森は、「指導論」から学習者自身が自ら構築する「学び方」論へと授業観を転換することによって、中高ギャップをのりこえ、連携の可能性がひらかれるとの課題意識のもと、増淵恒吉らに学び、課題研究型学習に取り組んでいる。

　まず、以下の4つの段階を示している。

　　第1段階「テーマ設定」：自分が疑問に思った点を研究テーマとして設定していく。

　　第2段階「資料情報の収集」：用例等を丹念に網羅する。「この作業は地道で根気を要するが、誠実な学習の姿勢づくりに必要である」とする。

　　第3段階「収集資料の整理・分析・考察」：収集資料を分類し、分析・考察する。

　　第4段階「レポートの発表」：研究成果を文章にまとめ、発表する。

　この4段階は、汎用性の高い「探究の方法」であるといえよう。

　予備的実践として、『伊勢物語』で課題研究を設定している。

　『伊勢物語』全125段について、生徒自身が、植物、季節、衣服、山、川、地名、道具、主人公の愛した女性等をテーマとして、網羅的に用例を調べ、さらに事典等で探究していく。これにより生徒は、「自分から進んでこんなに学習したことは今までなかった。（中略）タイムスリップして伊勢物語の中に行っても、その川と山はわかるような気がする。（中略）発表が終わり、もう一度伊勢物語を読み返したい気持ちになりました。」との感想を綴っている。

　この研究授業を参観した中学校教諭が、今度は中学校で『古今和歌集』全1100首をパソコンでデータベース化し、課題研究に取り組む。高校でも同じく『古今和歌集』の学習に取り組む。中高の合同発表会で、中学生はパワーポイントも活用し、写真・地図（視覚）や鳴き声（聴覚）も紹介しながらわかりやすく発表した。例えば、「動物・鳥」を調べた生徒は、共通点として「鳴き声」が取り上げられていることを発見し、鳴き声と作者の感情とを結びつ

けて歌を詠んでいることを明らかにし、当時の和歌創作場面が屋内であり、実物を見ず観念的に詠む傾向が強かったのではないかとの推論を発表した。

４）探究学習へのヒント

　「学び方」＝「探究の方法」を共有することによる中高連携への視野をひらいた実践研究である。生涯に渡って活用可能な「学び方」を、小中高大と連携しながらどう系統的に習得へと至らせるか、今後への示唆に富む。トピック的な課題について「網羅的に用例を調べる」学習は、地道で基礎的な研究姿勢を育むものであり、帰納的な調査から秘められた意味を発見する楽しさを体験できる。

おわりに

　以上を踏まえ、探究の楽しさを体験するために、「伝統的な言語文化」の領域における探究学習へのヒントをまとめる。

⑴　課題設定のあり方

　　課題設定をめぐっては、学習者が立てる、教師が立てる、いずれの場合もあった。①学習者の内面（生きる問い）と切り結ぶ課題を設定し、古_{いにしえ}の人びとへの共感と想像力をもとに探究する＝「自分づくり」につながるあり方を基本としつつ、②ものの見方・考え方の拠り所となる、汎用性の高い「概念」を課題とするあり方、③古典文学の研究方法としても用いられる、トピックについて用例を網羅的に調べ、そこから帰納的に意味を発見するあり方など多彩に試みられている。渡辺・田澤の実践からは、②の「概念」的な課題の意義が導き出された。杉村・藤森の実践研究ではトピック的な課題による帰納的探究の意義が示された。それぞれに異質な探究の楽しさを双方とも味わわせたい。

　　いずれの課題設定のあり方が深い探究をもたらすか、学習者の実態や発達段階、学習材の特質や授業者の願い、学習目標等に照らして見極め、選択する必要があるだろう。

また、「伝統的な言語文化」探究の足場としての「地域（郷土）」の意義も浮かび上がってきた。足元に、探究に値する課題（宝）がたくさんあり、それを探究する楽しさや奥深さを体験できれば、地域を足場とする自尊感情やものの見方・考え方も育つであろう。

(2)　「探究の方法」の意識化

　いずれの実践事例においても、「探究の方法」＝「学び方」の習得が重要な位置を占めている。杉村・藤森の示した四段階を基本として、大村や伊木の実践が示す学校図書館、地域の図書館との連携による文献探索方法の習得を常に意識し、探究学習をデザインしていきたい。

　また岩永の実践からは、探究した内容をまとめるときに「構想を立てる」段階を取り立てて指導することの意義が浮かび上がってきた。調べたことをただ羅列的に発表するのではなく、どう総合・分析していくか、「構想を立てる」段階で論理的思考力が鍛えられる。探究学習で大切にしたい指導段階である。

(3)　「探究の方法」を支える知識・教養

　「探究の方法」を空洞化せず、価値ある探究としていくためには、それを支える知識・教養の土台が必要であることも導き出された。コンピテンシー重視の流れの中で、あらためて教科の本質に根ざしたコンテンツ（知識・教養）の質を教師自身が問う姿勢も忘れてはならないだろう。

(4)　「探究する人」としての教師像

　いずれの実践事例も教師自身が「探究する人」でなければ成り立たない。探究学習の成立においては、課題設定や資料の準備等において、教師自身が質の高い「探究する人」のモデルであることが必須の条件となろう。

注

1）早川操『デューイの探究教育哲学　相互成長を目指す人間形成論再考』（名古屋大学出版会、1994年）、杉浦宏編『現代デューイ思想の再評価』（世界思想社、2003年）等参照。

２）荒木繁「文学と教育」日本文学協会編『日本文学講座Ⅶ　文学教育』東京大学出版会、1955年。

３）益田勝実「古典文学教育でいまなにが問題なのか」（初出『季刊　文芸教育』十四（1975年４月））、幸田国広編『益田勝実の仕事５　国語教育論集成』（筑摩書房所収、2006年、289頁）。

４）増淵恒吉「課題学習の方法」『増淵恒吉国語教育論集』中巻、有精堂出版、1981年。

５）これらの実践については、渡辺春美『古典教育の創造　授業の活性化を求めて』（溪水社、2016年）第三章「古典教育史の展開」等で詳細に考察されている。

６）渡辺春美『「関係概念」に基づく古典教育の研究　古典教育活性化のための基礎論として』溪水社、2018年。

７）日本国語教育学会編『ことばの学び手を育てる　国語単元学習の新展開Ⅳ』小学校高学年編、東洋館出版社、1992年。

８）村上呂里・中本謙他『実践事例集「伝統的な言語文化」の学び～宮古・八重山編～』文部科学省平成29・30年度委託事業報告書、2019年。

９）『大村はま国語教室３　古典に親しませる学習指導』（筑摩書房、1983年）Ⅲ章。

10）ノートルダム清心女子大学日本語日本文学会編『清心語文』17号、2015年、42-58頁。

11）渡辺春美『国語科授業活性化の探究Ⅱ　古典（古文）教材を中心に』（溪水社、1998年）第四章。

12）大平浩哉編『高等学校国語科　新しい授業の工夫20選〈第３集〉』大修館書店、1994年、93-97頁。

13）同前書、104-109頁。

14）全国大学国語教育学会『全国大学国語教育学会発表要旨集』（108）、2005年、73-76頁。

第九章
戦争・暴力を無くし、人権を守る

草野　十四朗

一　テーマについて
―探究学習と平和学習―

1　探究学習と平和学習の親和性
1）生徒が学習主体であること

　平和教育の構成について、池野範男は以下のように図式化して見せた[1]。現在、行われている平和教育の実情を踏まえた妥当なものと言える。この領域設定は探究学習に当てはめることも可能であろう。ただ、池野が平和学習を教科教育の範疇にとどめているのに対し、実際のそれは教科外活動や社会活動も領域としている。この点では修正が必要であろう。例えば、論者の勤務校では、1988（昭和63）年に部活動としての平和学習部の発足、2001（平成13）年から校外の社会活動として始まった「高校生一万人署名活動」への参加、2005（平成17）年から開講された必修科目「長崎平和学」（既存の科目における単発の取り組みはすでにあった）、とそれぞれの領域において平和学習がなされている。

教育（Education）		
平和教育 3（Peace Education 3）		
学校教育（School Education）		社会教育 （Social Education）
教科教育 （Subject Education）	教科外活動 （Extra Activity）	平和教育 2 （Peace Education 2）
平和教育 1（Peace Education 1）		
平和学習（Peace Studies）		

図1：平和教育の再構成

　「教育」と「学習」、この２つの術語の使い分けには、このように「教育」が「学習」を包含するという関係のほかに、行為の主体が「教える」側にあるのか、「学ぶ」側にあるのかという認識の違いも反映している。そしてその認識は、それぞれの領域においてほぼいずれか一方に固定している。例えば、本来あってもよいはずの「探究教育」や「主権者学習」・「道徳学習」という術語をほとんど目にしないことからもそれは分かる。

　しかし、平和に関する領域では、例外的に「平和教育」と「平和学習」という呼称が併存している。そして、論者自身も含めて、「平和教育を行う」ではなく、あえて「平和学習を行う」という言い方をすることに、学習者を学びの主体として位置づけようとする意図を込めているのである。それは、「平和教育」が指導者の価値観の押しつけになるという批判や危惧に応える結果にもなっている[2]。

　この平和に関する学びを探究学習という方法で行うことには、一定の必然性がある。後の実践例で明らかになるように、生徒は学習主体として様々な問題と向き合い、問題そのものと自己、あるいは他者と自己の関係性を構築していくのである。

２）社会的責任（社会への参加・学びの共同体）という要素

　図書館教育や探究学習の研究者である坂本は、日本の探究（探求）学習の代表的実践をアメリカ学校図書館協会の提唱する「情報リテラシー」の定義に照らして検証し、「社会的責任（社会への参加）」という要素が欠けていると指摘している[3]。

　しかし、日本の平和教育実践においては、本章でも取り上げるような社会参加型実践が、多く試みられている。これはシティズンシップ教育にもつながるものである。その点で平和学習は探究学習の中にあって、その可能性を広げてきた分野であると言える。

2　平和教育実践史の概観―探究学習への道程

1）平和教育論と実践史―その争点

　平和教育の実践史については、村上登司文、竹内久顕、佐貫浩、西尾理らの研究に詳しい[4]。詳細はこれらに譲り、ここではその理論と実践における争点を挙げることにする。

(1)　感性的認識と理性的認識、そして実践的認識

　　藤井敏彦は平和教育の要素を、①戦争のもつ非人間性・残虐性を知らせ、戦争への怒りと憎しみの感情を育てるとともに、平和の尊さと生命の尊厳を理解させる。②戦争の原因を追及し、戦争を引き起こす力とその本質を科学的に認識させる。③戦争を阻止し、平和を守り築く力とその展望を明らかにする、の3つとし[5]、平和教育の理論的基盤をつくった。これらは①が感性的認識、②が理性的認識、③が実践的認識と定義されている。

　　早い時期の平和教育については、戦争の悲惨さ残酷さを訴える感性的認識に偏りがちだという批判がなされていた。これに対しては、低学年での残酷な映像資料等は避ける・学年が上がるにつれて問題の考察をさせるなどの発達段階に合わせたカリキュラム構成や、学習者主体の活動を取り入れるなどの対応が試みられてきた。

　　一方、科学的認識についても、その客観性は担保されるのか、イデオロギーや価値観に影響されることはないのか、という疑問も出された[6]。この問題が形を変えて顕在化したのが次の歴史認識問題である。

(2)　歴史認識問題

　　1982（昭和57）年のいわゆる教科書問題前後から、日本の加害の事実に目を向け、アジア諸国との和解・相互理解のための学習が提唱・実践された。一方で、藤岡信勝と高橋史朗は「自由主義史観」の立場から、反戦平和の平和教育を「反日的自虐的」と批判する[7]。

　　侵略と加害の事実の認定や、平和教育の方法についての意見対立は未だに続いている。

（3）　狭義の平和教育と広義の平和教育

　平和教育は題材を戦争に特化するか否かで標記のように区分される。これは直接的平和教育と間接的平和教育、取り立てての平和教育と日常的平和教育という区分もなされる。それぞれの立場から、平和教育の場や題材をどこまで焦点化するのか、一般的な教育の中に拡散してしまわないのか、などと是非が問われている。

　平和教育の広義化は、1974（昭和49）年のユネスコの「国際理解、国際協力及び国際平和のための教育並びに人権及び基本的自由についての教育に関する勧告」で趨勢となる。さらには、「積極的平和」概念の登場もあって、平和教育は国際理解教育、異文化理解、人権、開発、環境などの近接領域のテーマも包含するようになり、方法も多様化した。

（4）　積極的平和と消極的平和

　ヨハン・ガルトゥングは「暴力」を、戦争や内戦などの「直接的暴力」、経済的搾取などの「構造的暴力」、これらの暴力を是認する選民思想などの「文化的暴力」、の3つに分類した。そして、「直接的暴力」がない状態を「消極的平和」とし、すべての「暴力」が無い状態を「積極的平和」とした。これは、それらを対話や協力などで創りだす営みも含める。具体的には南北問題・紛争・貧困・差別などの暴力を生み出す社会構造や個々人の意識をどう改善・転換するか、などである。1991（平成3）年に日本に紹介され、ユネスコの「平和の文化」とともに、以後の実践に大きな影響を与えた。

２）探究学習としての内実

　前項で見たように、平和教育の実践については、争点も多い。これに対して我々はどのように対処すればよいのか。「探究（探求）」活動はそのカギとなる。その理由は佐貫の以下の言葉に尽きよう[8]。

　　率直にいって、いまどのようにして平和を実現するかは、多分に現実の社会の運動的な課題、したがってまた、対立的・論争的な課題として

存在している面が強い。教育は、その対立的な運動や実践からある一つのものを選んで、それが正しいと結論づけることはできないだろう。したがってまた、そこへ向けて子どもを方向づけることはできない。それは政治的教化となるだろう。あえていえば、その問題にたいしては、教育は、教師と生徒が協同しつつ「戦争を阻止し、平和を守り築く力とその展望」を"探求する"ことはできるが、教師が授業によってある結論を導き出すような仕方で、ある方向や特定の運動を選び出し、それが平和のための方法であると「明らかにする」ことは困難であり、またそうするべきではないのではないか。

　また、第一節でみたように「探求（探究）学習」には「社会参加」も求められているが、佐貫も「参加」の必要性を提唱する[9]。それは「コミュニケーションと表現能力の形成」、「参加の対象に関する知識、関心の形成」、「意見形成と表現」、「実際の参加活動」の４つのレベルで構成される。「参加」については、レイヴとウェンガーの「周辺的文化参加」が知られているが、佐貫の言う「参加」も、この「文化的実践への参加」、「社会参加」という要素を学習活動に盛り込みやすく、探究学習に厚みをもたらす。前項の(1)における実践的認識の実現、(2)におけるイデオロギー問題の克服といった課題は、「参加」によって生徒が学習主体として様々な問題と向き合い、自身の判断と行動をとおして認識を深めることで、解決に近づくはずである。また、(3)・(4)における「積極的平和」や「平和の文化」という問題に対しても、様々な「参加」を通しての実現が目指されることで、その「対話や協力などで創りだす営み」という内実が担保されることになる。
　次の節では、社会教育（学校の枠を超える）、教科外活動（教科の枠を超える）、教科（教科書単元の枠を超える）の３つのレベルでの探究（探求）学習の実践をみていきたい。

二　授業実践例について

1　社会活動─幡多ゼミナール─

　前節の佐貫の「教師と生徒が協同しつつ「戦争を阻止し、平和を守り築く力とその展望」を "探求する"」という言葉を体現しているのが、高知県の幡多ゼミナールである。

　幡多ゼミナールは、学校の枠を超えた高校生の自主ボランティアサークルであり、同じく学校の枠を超えて協力し合う教師たちが活動を支援している。1983（昭和58）年に発足し、初年度はかつて地元に配備されていた特攻艇「震洋」についての調査を行った。1985（昭和60）年には、地元の被爆者調査に取り組むうちに、２人のビキニ水爆実験の被災者（故人）にたどり着く。１人は長崎での被爆も経験した二重被爆者、もう１人は水産高校の練習船に乗って被曝した高校生だった。そこから高校生たちは有名な第五福竜丸関係者以外にも広汎に被災者が存在することを、調査によって明らかにしていき、最終的には行政をも動かした。まさに「探究」そのものであり、「社会参加」の取り組みでもある。この調査活動の経過は『ビキニの海は忘れない』と題されて、1988年（昭和63）年に書籍化、1990（平成２）年に映画化された[10]。この活動は、教育関係者やマスコミから高い評価を受け、1993（平成５）年には、「上田庄三郎賞」、「第８回龍馬賞」を相次いで受賞した[11]。

　この後、幡多ゼミナールは震洋の調査をきっかけに、特攻艇の基地があった柏島で基地建設に多くの朝鮮人労働者が使われていた事実を発見した。さらに、地元四万十川支流にある津賀ダム（アルミニウム精錬のための軍需ダム）建設にも朝鮮人労働者が動員されていた事実を突き止める。そして、８年に亘る世代交代を繰りかえしながら聞き取りを行い、彼らが重労働や危険な作業に従事させられていたことを丹念に洗い出していった。

　高校生たちの取り組みはそれだけで終わらなかった。調査の過程で朝鮮人と日本の庶民の交流があったことも掘り起こしてこれを劇化したり、朝鮮高

級学校を訪問したりした。さらには自分たちで費用を工面して韓国に渡航し、当時の証言者たちの話を聞いたり、現地の高校生と交流したりした。それは、恣意的な言説に惑わされず、自分たちの目と耳で朝鮮人差別と向き合い、新たな関係構築に取り組む体験だった。この取り組みも『渡り川』と題されて、1994年（平成 6 ）年に書籍化および映画化された[12]。2011（平成23）には『ビキニの海は忘れない』の功績と併せて「第二回焼津平和賞」を受賞した[13]。

1 ）指導目標

　ここでは、『ビキニの海は忘れない』、『渡り川』の両書で述べられている指導教師たちの言葉から目標に当たるものを抜き出してみる。いずれも高校生の主体性を発揮させることが前提となっている。

⑴　活動に社会的意義づけを与えることで、学習意欲を高める。
⑵　地域の歴史を尊重し、そこから知的刺激を得て、学習の目的と喜びを発見する。
⑶　違った学校の高校生同士が交流し、相手を認めあう。

　以上の指導者側の意図に対して、生徒たちが作った活動要項は以下のとおりである。

⑴　会員の思想・信条の自由を大切にし、自発的な地域調査活動をすすめながら、共通の理解を深めます。
⑵　学問の自由を尊重し、地域から世界を見通す確かな学習をすすめます。
⑶　幡多の美しい自然の中で地域のすぐれた文化を引き継ぎ創造します。
⑷　多くの人々とふれあい、視野をひろげながら、自分達の進路を切り開く力を育てあいます。
⑸　楽しい交流活動を通じ、友情と連帯を深めます。
⑹　ニュースや報告集を発行します。
⑺　会員の増加にとりくみます。

２）指導計画

(1)　年間の主な活動計画は次のようになっている。

1、例会……月平均二回、主に土・日曜日

2、役員会・代表者会……月一回

3、行事計画

　5月………新入生歓迎会（美しい自然とのふれあい、基本的フィール
　　　　　　ドワーク、交流会）

　6月………進路ガイダンス（二、三年主体でOB・OG体験談、講演）

　6〜7月…調査、フィールドワーク

　7〜8月…カンパ活動、「平和の旅」（広島・長崎の全国高校生平和集
　　　　　　合の参加）

　8〜9月…報告集作成（平和の旅、その他）

　9〜2月…各校文化祭発表と参加、幡多地区高校生人権・部落問題学
　　　　　　習集合、全国高校生部落問題研究集会に参加

　1月………新年会（幡多ゼミ主催、OB・OG参加一泊二日、交流・調
　　　　　　査・県「高校生のつどい」の準備）

　2〜3月…「平和学校」（平和をテーマにした特別授業）、表現活動の
　　　　　　練習、県「高校生のつどい」参加、総会

このほかにも、民間研究団体のオープニングセレモニーへの参加など

３）指導の工夫と特徴

(1)　フィールドワークの重視

　　活動の柱はフィールドワークによる地道な現代史の発掘調査である。
　フィールドワークを重視しているのは、「自分が調べたこと感じとった
　ものをもとに判断する」という学習者の主体意識を育てるためである。

(2)　協働性・連携・交流

　　メンバー同士の話し合いでは、お互いに異なる意見をもった者同士が
　きちんと自分の意見を表明し、なお人の意見も尊重して聞くことができ

るようにしている。

　また、他の団体との連携・交流の機会も多い。このことが活動に広が
りを持たせ、意識を高める。たとえば、県内では高知平和ゼミナールと
連携して行事を企画したり、県外では広島平和ゼミナールとも連携して
いる。さらには、国外との交流も行っている。

⑶　取材対象への敬意と共感

　活動には聞き取り調査も多い。証言者に対する敬意を表すため、記録
の際は熱心に聞き取りメモを詳細に取る。また、故人についての資料発
掘においては、単に現代史を学ぶだけでなく、その時代に自分たちと同
世代の青年たちがどういう生き方をしていたのかを調査し、現代の青年
としての生き方を考える課題学習にもポイントをおいている。

⑷　大人の役割

　「自主的」・「主体的」な活動の背後には、当然その活動を支援する大
人の存在がある。基本的には生徒たちの考えを尊重しつつ、施設や行政
手続きなど、必要に応じて大人の役割が生じてくる。大人たちも連携し
てこれにあたる。

2　教科横断学習・教科外活動の取り組み─大東学園高校─

　東京都の大東学園高校は、「人間の尊厳を大切にする」を教育目標とし、「生
徒一人一人を大切にする教育、生徒が主役の学校づくり」を目指した実践を
行ってきた。それは学校行事などを生徒・教職員・保護者が対等の立場で協
議・運営する「三者協議会」や、20年来続く総合学習といった、独自の取り
組みにも表れている。ここでは、平和学習を総合学習を軸にしながら、教科
横断学習と教科外の活動として実践している。

1）指導目標

⑴　総合学習「総合科目」の授業をはじめ、教科横断的に平和・人権につ
　いて学ぶ。

⑵　沖縄についての学習を通じて「平和」を考える。

２）指導計画　　1996（平成８）年度

(1)　事前指導

　　①体育館での学年一斉の「平和オリエンテーション」（印象的な導入）

　　②文化・食生活などから沖縄に親しむ

　　③沖縄のいまを知る！基地問題 ── 米軍基地問題では、学校で購読し
　　　ている沖縄タイムスの基地関連のニュースを読みとり、基地被害・海
　　　兵隊・日米地位協定・思いやり予算などについて学ぶ。元海兵隊員の
　　　アレンネルソンの本からは兵隊に志願する背景にある黒人差別・貧困
　　　について学ぶ

　　④沖縄戦を学ぶ ── 沖縄戦の学習は日本史の時間であつかい、総合の
　　　時間では映画「かんからさんしん」などの鑑賞を導入にして、住民の
　　　証言を読んでいく。

　　⑤夏休みの「自由研究」と「夏期講座」── 夏休みには長野の松代大本
　　　営跡の調査をしている高校との交流、厚木基地横須賀基地見学、シー
　　　サー制作、エイサーの練習、戦争体験者の講話などの講座を受講した。

(2)　沖縄修学旅行（フィールドワーク）

　　２年次の11月、４泊５日の日程で『沖縄平和修学旅行』へ向う。『ひ
　　めゆりの塔』や『平和祈念資料館』を見学し、ガマ（自然洞窟）にも入り、
　　その恐怖と心細さを疑似体験し、平和の大切さを再認識する。

(3)　事後指導

　　①修学旅行で学んだことを深め、まとめる。

　　②「平和」や「沖縄」をテーマにした表現活動やレポート活動を行う。

３）指導の工夫と特徴

(1)　入りやすい導入

　　「平和オリエンテーション」では、制作ビデオや学年教員団による朗
　　読劇や沖縄の歌の合唱などを行なった。　また、授業の導入も沖縄の食
　　文化や音楽から入っていった。

(2)　教員組織の編成 ── 教科横断と総合へ

従来の教科の枠をこえた「総合科目・平和」として教員団がチームを組んで担当した。1996（平成8）年度は専任と講師の10人程度で構成。「年間指導計画」の作成、「エイサー」や「芝居」の練習などに加え、各教科の取り組みも行った。日本史では2学期に第二次世界大戦を中心に学び、英語では副教材として『ハート・オブ・オキナワ』を使用。体育科では『エイサー』の演舞、音楽では『琉球音階の曲』を学ぶなど、学校をあげて沖縄に関する学習についてさまざまな観点から取り組んだ。

(3)　学校行事との連携・交流活動

　文化祭では「沖縄」「平和」を学年テーマにして各クラスで研究発表をおこなったり、夏期講座ではさまざまな講座を設定したりと学校行事との連携がうまくなされている。また、

　11月の修学旅行では、地元の方の家庭での「民泊」や現地高校生や大学生との交流も行い、沖縄の実情・生活を直に見聞きすることができた。

3　国語科における平和教育の取り組み—田村かすみ—

　田村による「平和教育の理念を取り入れた　国語科カリキュラムの開発—平和教育、国語科教育、カリキュラム開発—」[14]は標題どおり、国語科授業で平和教育の理念実現を目指した2年間にわたる実践である。田村は、多彩な自主教材を用い、表現活動につなぐカリキュラム構築を試みた。後半においては国際理解教育の要素も色濃くなっている。

1）指導目標

(1)　ヨハン・ガルトウングの「積極的平和」をふまえた「自己の平和」、「他者と共にある平和」、「自然と共にある平和」の実現。（平和の文化を実現しようとする態度や能力を育成する平和教育の実践）

(2)　学習目標
①コミュニケーション能力の向上
②五感の動員による自分や他者の感覚や感情の認識
③論理的思考力や批判的思考の育成

④地球規模の課題に関する知識の獲得

⑤様々な価値観の認識

⑥自己肯定感の獲得と伸長

⑦問題解決のための手だての創出

２）指導計画

(1) 「国語で学ぶ平和」１年次　カリキュラム　2004（平成16）年度

　　年間目標：コミュニケーション能力の育成

　　　◎は授業者が開発した単元。目標は前項①～⑦のうち該当するものの番号を示している。実際のものは、詳細を具体的に説明したものになっているが、ここでは割愛した。

実施月	教材と活動内容	具体的な活動内容	目標
4月	◎私の小学生生活を振り返ろう	小学生時代の自分を振り返り、当時自分は平和だったについて作文を書く。	①　②⑥
	◎安西冬衛一行詩「春」	鑑賞文を書き、蝶々と陸地の関係を図示する。	①　②⑤⑥
	◎「缶ミルクの枚訓」	読解問題を解く。	④⑤⑥
	◎宮本輝「夕刊とたこ焼き」	小説の一場面を劇に仕立てる。	①　⑥
5月	「スーパービート板」	スーパービート板の形状を読み取り、図を書く。	①
6月	「私の一冊」読書座談会	お勧めの一冊についておすすめシートに記入後、座談会を聞く。	①　④⑥
	中島将行「クジラたちの音の世界」	説明文の概要を示したレジュメを作成する。	①　④⑥
7月	水口博也「海の中の声」	クジラが泳ぐ海中の光、音について、想像を巡らす。	②
	◎１学期を終えて、自分の学習を振り返る	自己を振り返るシートを記入する。	①　⑦
8月	米倉斉加年「大人になれなかった弟たちに」	登場人物の感情、平和を希求する姿を読み取る。	②　⑤⑥
9月	松永勝彦「魚を育てる森」	河川、森林、海と動植物とのつながりをまとめる。	③
10月	◎芝木好子「面影」	読解問題を解く。	①④⑤⑥
	◎平等シート	シートを完成させる。	④
11月	「課題について調べよう」「研究報告書を作ろう」	意見文をまとめるための方法や手順を学ぶ。	③
12月	◎プロジェクトワーク	研究計画書を作る（命題と構成を考える）。	①　⑥
冬期課題		計画に従って、調べ、まとめる。	①　④⑤⑦
2月		発表会用レジュメ作り。	①
3月		発表会を実施する。時間プレゼンテーションをする。	全部

⑵ 「国語で学ぶ平和」2年次　カリキュラム　　　　2005（平成17）年度
年間目標：コミュニケーション能力の育成

実施月	教材と活動内容	具体的な活動内容	目標
5月	「方言と共通語」	個人で方言に関するレポート作成	①　⑥
6月	「平家物語」扇の的	最も印象的な場面を選んで、グループで一枚の絵にまとめる。	①②④
	◎朝日新聞社説「児童労働」6.12速読	速読のあと、分かったことと分からないことを整理し、感想を書く。（20分）	全部
	◎JICA国際協力エッセイコンテスト校内予選の告知	エッセイコンテストに応募する長所と短所の説明を聞く。	②　⑦
7月	向田邦子「字のない手紙」	読解問題を解く。	①②④⑤
	◎NHK特集「少年兵」7.24放映分のビデオ視聴	ビデオを鑑賞する（平家物語よりは少年兵に興味を持つ者が多かった。）	②③④⑤
	◎JNATIP主催人身売買をテーマとしたシンポジウム	英語を交えた国際シンポジウムに参加する。	①②～⑤⑦
	◎「児童労働」に関する意見やその背景についての期末試験記述問題	記述問題を解く。	①
夏期課題	◎JICA国際協力エッセイコンテスト応募作品を仕上げる	エッセイ下書き作成	全部
8月		エッセイ下書き例出	全部
9月		エッセイ清書完成	全部
11月	◎文化祭での発表	展示会実施の意思を学校に伝え、企画し、エッセイ作品を浄書する。HIV／AIDSシンポジウムを開催する。	全部
12月	安田嘉憲「アモイは語る地球の未来」期末試験百字記述問題	人口問題について疑問点か、自分なりの解決法を字数内でまとめる。	①　⑥
1月	◎国連人口基金東京事務所長に自分の意見を伝えよう	エッセイを書く。	①　～⑦
2月	◎18のキーワードを使って	鑑賞文を書く。	全部
	万葉集、古今和歌集、新古今和歌集		①　⑤
3月	◎リスニング教材	朗読される意見文を聴いて自分の意見文をまとめる。	①～⑥
	討論会を開こう	ディベートを行う。	①③～⑥

3）指導の工夫と特徴

　実践者本人は、平和を実現しようとする子どもの資質を明確にした点[15]、国語科と平和教育の目標を具体的に実現する構造化したカリキュラム編成をした点、国語科を基盤としているため、どの学校でも導入可能である点の3点を特徴として挙げている。

　ここでは、これらに加えて、以下の点が挙げられよう。

　⑴　目標に即した自主教材の使用と主体的学習の設定。

　１年次は、教科書教材を軸として自主教材が随時投入され、終盤４ヶ月のプロジェクトワークでそれまでの学習をふまえた探究学習になるよう仕組まれている。だが、自主教材が目標に即した形で配置され、平和学習としてのテーマが明確になるのは、２年次である。

　２年次では、文学作品による戦争についての感性的認識を深めるとともに、「児童労働」、「少年兵」、「人身売買」、「環境破壊」などの社会性のある問題の探究を通して理性的認識も深めていく。さらに、議論への参加、公的機関への意見文作成などにより、自ら実践的な認識を経験していくのである。

(2)　外部学習資源の活用

　このような主体的な学習には「JICA国際協力エッセイコンテスト」といった外部の事業への参加も寄与している。また、方法的にも「市民運動ポーポキ・ピース・プロジェクト」などの取り組みを参考にするなど、学校では得られない資源の活用は重要である。

三　授業づくりのヒントとこれからの課題

1　学習資源の整備と「実の場」の設定―ファシリテイターとしての教師―

　探究学習は学習者が自ら学習資源にアクセスし、問いを立てたり、課題を解決したりする学習である。平和学習においてその学習資源は、公共機関（資料館等）、組織（NPO等）、個人（語り部等）、行事（会議・講演）などに及ぶ。偏狭で排他的な言説に影響される若者が少なくないことは平和教育の課題の１つだが、その言説の出所は多くがWeb上の文字テキストか一般書である。本章で紹介した幡多ゼミナールのように、言説の鵜呑みではなく、地域にある学習資源としての戦争遺産「ひと・もの・こと」と出会い、みずから問いを重ね認識を深めていく学習は、その意味でも重要になる。この場合の学習資源は、学習者自らが見いだすものと、教師がお膳立てするものとがあるが、いずれにせよ、教師は自らの情報と人のネットワークを広く持ち、ニーズに備えておかねばならない。

また、学習者が課題解決に向き合う「実の場」を設定することも重要である。「実の場」とは、「学習活動の必然性（目的性・切実性・文脈性）と有用感に裏付けられた学びの場」と定義したい。学習資源と向き合い、どう課題を見出し解決するかには、教師の適切な支援が必要である。ここにファシリテイターとしての教師の役割が生まれてくる。

2　複合的なカリキュラムの柔軟な運用

　学校教育は、「シティズンシップ教育（主権者教育）」、「SDGs（持続可能な開発目標）」といった新たな教育課題と向き合わなければならなくなったが、これらの目指す内実を見ていくと、「積極的平和」と重複するものが多い。だとすれば、学校は特定の「教育」に依拠するのではなく、それぞれの学校文化、教育課題、地域の学習資源の状況に合わせて、独自の複合的なカリキュラムをカスタマイズするのが現実的だと考える。

　その際、体系化を考えるあまり、学習計画をあまりに固定してしまうことは避けたい。本来の探究は未知との出会いから生まれる問いを起点とする。柔軟な運用と外部資源の活用を前提にしてカリキュラムを構成したい。

注

1）池野範男「学校における平和教育の課題と展望：原爆教材を事例として」『IPSHU研究報告シリーズ』（42）、広島大学平和科学研究センター、2009年、404頁。

2）村井実「「平和教育」をめぐる一つの根本的問題」『教育哲学研究（42）』教育哲学会、1980年、64-65頁。村井実は、日常的な平和教育ととりたての平和教育（社会や道徳の時間など）に分け、後者に対する批判として、平和と同時に「善悪の決め付け」を子どもたちに教えることになる、とする。

3）坂本旬「「探求学習」の系譜と学校図書館」『法政大学キャリアデザイン学会紀要4』法政大学キャリアデザイン学会、2007年、49-59頁。

4）村上登司文『戦後日本の平和教育の社会学的研究』学術出版会、2009年。竹内久顕編著『平和教育を問い直す─次世代への批判的継承』法律文化社、2011年。西尾理『学校における平和教育の思想と実践』学術出版会、2011年。

佐貫浩『「自由主義史観」批判と平和教育の方法』新日本出版社、1999年。

5）藤井敏彦「平和教育をどうすすめるか」『季刊　平和教育』1号、日本平和教育研究協議会、1976年、15頁。

6）村井前掲論文⑷、池野前掲⑷。

7）藤岡信勝・自由主義史観研究会『教科書が教えない歴史』産経新聞社、1996年。高橋史朗『平和教育のパラダイム転換』明治図書出版、1997年。

8）佐貫前掲書。

9）佐貫前掲書。

10）書籍：幡多高校生ゼミナール・高知県ビキニ水爆実験被災調査団編『ビキニの海は忘れない　核実験被災船を追う高校生たち』平和文化、1988年。
　　映画：製作 映画「ビキニの海は忘れない」制作実行委員会、監督：森康行、ナレーション：吉永小百合、1990年。

11）「上田庄三郎賞」は戦前からの自由主義・平和主義教育に全国的に貢献した上田庄三郎氏の志を受け継ぐ「上庄の会」が選ぶもの。「坂本龍馬賞」は、高知の報道11社が毎年一つ、坂本龍馬の志を継ぐと認定された団体に贈る賞である。

12）書籍：幡多高校生ゼミナール編『渡り川―四万十川流域から創造する高校生の国際交流』平和文化、1994年。
　　映画：制作「渡り川」上映委員会、監督：森康行・金徳哲、ナレーター：井川比佐志、1994年、94年度キネマ旬報文化映画ベストテン第1位。

13）アメリカの水爆実験により被曝した第五福竜丸の母港をもつ焼津市が、核兵器廃絶に向けた平和運動と恒久平和実現のための運動を熱心に行っている国内外の個人・団体を表彰する賞。2009年10月創設。

14）田村かすみ「平和教育の理念を取り入れた国語科カリキュラムの開発　―平和教育、国語科教育、カリキュラム開発―」『国際理解教育』VOL.13、日本国際理解教育学会、2007年。

15）具体的には、異なる価値観の尊重、対話、連帯、問題解決の力などである。

参考文献

安達嘉彦『平和教育の学習課題』地歴社、1985年。

森田俊男・鈴木敏則・渡辺賢二ほか編集『平和教育ハンドブック―戦争のない世界・平和の文化をきずくために』平和文化、2006年。

第十章
わたしの存在・わたしの自由、他者とわたし

坂口　京子

一　探究テーマについて

　おそらく自由は、自分と、この広大な世界との接続点に存在する。自分が経験している自分の周囲の環境を、全く違う景色で見ているであろう他者に伝えようとすること、そして、他者の見る景色を興味をもって理解しようとすることが、自由になるために必要なことであり、また「責任」に込められた意味だろう。責任を意味する英単語が、反応する、答える、という意味の言葉と、能力を意味する言葉の二つから成るように、附属中にいる私たちは、相手の問いかけに反応できる能力、答える責任が、常に求められていると思う[1]。

　ある男子中学生が卒業時、学校文集に寄せた文章の結末部分である。自我が目覚める時期、このように自覚される自由、他者、責任といった概念は、「わたしとは誰か」「わたしはどう行動し生きるべきか」という問いを照らし出す。

　「わたしとは誰か」。きわめて主観的で個人的な応答を求める問いである。また、生涯をかけて意味を創出し続ける問いでもある。その意味で、限定的な時間軸で展開される学校の教育活動においては、正対するのがきわめて難しい問いであるともいえよう。さまざまなテーマで行われる探究学習が、その深層の部分では、常にこの問いかけを行っているにもかかわらず、である。

　それでは、この実践上の困難さをどのように乗り越えていけばよいのだろうか。「世界」や「相手」からの「問いかけに反応する能力」や「答える責任」を醸成し、「わたしとは誰か」といった問いに向かわせていくためには、ど

のような工夫や創意が必要なのだろうか。

　以上の問題意識のもと、本章では、大阪府清教学園高等学校（「探究科」における卒業論文指導）、奈良教育大学附属中学校（ESDの理念による学校づくり）、東京都杉並区立井荻中学校（キャリア教育「ほんものの私になる」）を取り上げる。

二　授業実践例について

1　清教学園高等学校「探究科タラントン」

　清教学園高等学校・中学校（大阪府河内長野市）は中高一貫の私立校（男女共学）である。「探究科タラントン」は2008（平成20）年度から2016（平成28）年度まで９年間実施された。大学連携コースの生徒（１クラス40人）が、高校２・３年で４万字（原稿用紙100枚）の卒業論文を書く（卒業および連携大学への進学に必須単位）。

　探究科の目的は「主体的な学びを通じて、文化・学問の世界を探究し、自らの賜物（才能・個性）を探究する」ことにおかれた。「真理はなにか」「神様から与えられた賜物はなにか」を問い続ける「道のり」こそが「探究科」である[2]。

　指導にあたった探究科教諭片岡則夫、山本志保は、図書館活用実践で著名である。本実践に関しては2019（平成31）年２月の高校作文教育研究会（於：鶏鳴学園）で報告された。その折の資料は100頁を優に超えるテキスト２冊、各年度の優秀卒業論文・卒業論文要旨等である。実践骨子は、片岡と小笠原喜康により『中高生からの論文入門』（講談社現代新書、2019年）として上梓されている。また、同実践については『ことばさがしの旅』等で著名な藤本英二が、個人誌「ブリコラージュ通信NO.10」（2019年）で高く評価している。

１）指導目標

　１つは、論理的に書くための「言語技術」、もう１つは、自ら問いを立て、調査研究を行うための「論文作法・学び方」である。右図のように、「私」から発信する「主体的な学び」により「賜物の発見・学問への接近」の実現が目指されている[3]。

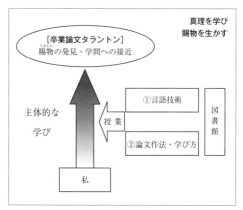

　授業にこめた思いについて、山本は「知りたい、極めたい、伝えたいという想いがなければ、論文は進まない。（中略）援助する側の教師が、予想も出来なかった力を生徒が発揮するのは、彼らの真に内的な動機が発動するときだ」と述べている。片岡は「探究科のテーマは、『いかにすれば生徒は学びの主人公になりうるか』だ。生徒が学びのイニシアチブを持ち、教師・学校図書館が支援する、この試みに賭けた９年だった」と述べている[4]。

２）指導計画

　「探究科」は週２時間（連続）で２単位、２年間で112時間（2015～2016年度の場合）実施された。指導計画の概要は以下のとおりである。『タラントン2016　清教学園高等学校●連携コース卒業論文』より抜粋して整理した。
（２年１学期）言語技術演習（自分の立場を決めた600字～800字の小論文作成：課題「本を読む・読まないは自由か」「イルカ裁判」「動物保護センター」「にわとり狩り」等／NRI学生小論文コンテスト執筆／11日・22時間
（２年２学期）言語技術演習続き／タラントン始動：興味関心から問いとテーマを探る、「第一次研究企画書」作成、引用の方法や「ピース」つくり／新書マップ検索／10日・19時間

（２年３学期）タラントンへの助走：小論文作成（４千字）、「第二次研究企画
　　　　　　　書」作成／10日・16時間
（３年１学期）小論文完成、タラントン・メインテーマの決定、フィールド
　　　　　　　ワーク準備（調査依頼の手紙作成）、草稿（１万字・２万字）／
　　　　　　　11日・25時間
（３年２学期）論文の完成・提出、論文要旨の提出／12日・24時間
（３年３学期）パスファインダー作成／３日・６時間

３）　実践の特徴と工夫

⑴　学習過程と「局面」（phase）

　生徒の中心的な学習過程を「情報取集」「フィールドワーク」「執筆」の
３局面と、それらをメタな形でコントロールする「テーマを考える」の４
局面で捉え、この前後に「ガイダンス」と「発信」を置く。「段階（step）」
ではなく「局面（phase）」と表現するのは「生徒の学習過程は、階段を上
がるように順序よくは進行せず、あたかも将棋の対局のように局面や様相
の変化として現れる」という理由からである。

　各局面は「週報」によって把握され、「タラントン情報」として全体に
フィードバックされる。生徒は週１回、「タイトル：サブタイトル」「〈問
い＝テーマ〉と〈答え＝結論〉（端的に）」「現在の論文の総字数」「必要な
資料や質問等」を「週報」として提出する。それに対し「タラントン情報」
（生徒個々のテーマや文字数、教師からのアドバイス）が示される。

⑵　各局面の指導―「私」の内面への着眼―

　各局面では自分の意見や「心の動き」、関心が重視される。以下、特徴
的なものを挙げる。

　①ガイダンス―課題の１つ、齋藤孝『読書力』の「本を読む力を得るた
　　めに大学生は選ばれた文庫100冊・新書50冊を読むべきだ」という主
　　張に対し、賛成・反対の立場を決め小論文を書く。その際、指導され
　　る「論理的文書の基本ルール」11項目の中に「自分の意見と引用・要
　　約を区別する」がある。小論文は５課題あり、自分の意見を分けて「書

187

く」が繰り返される。

②情報収集─タラントン始動期の分野・方針を決める局面でも、自分の
　関心を「問い」として取り出すことが徹底される。例えば次のような
　演習である。

【演習】自分の関心を書き出す：「1時間語れること」を1つ書き出し
　　　　て、関係することばを最低20個書き出す

言葉を思いつかない場合の助言も明快だ。「他人がなんと言おうと自分
が心ひかれることを正直に書く」「自分がこだわるもののなかにこそ、
優れたテーマが潜む」として、試みるべき5点を指示する。「⑦よくない、
腹がたった、許せない、かわいそうだとおもうことがらをあげてみる」「⑦
自分が育った環境（家族の職業・地域の特色）を考える」「⑦テーマ読書
のレポートや読書ノートを読みなおし、印象深いもの魅力的な分野はな
にかを考える」等である。

③執筆─引用の方法は、「ピース(piece)」づくりとして指導される。「ピー
　ス」とは「論文づくりの部品」、「論文作成」は「読書とピースづくり
　のくりかえし」として次のように説明されている。

　　「論文作成ってなにするの」と問われれば「読書と丸写しをして考
　　えること」と答えます。手に取った資料を読むのが第一。次に、お
　　もしろい、大切だと思う部分を探して、ふせん紙をつけたり、マー
　　カーを塗ったりして「丸写し（引用）」をします。さらに、引用に
　　ついて「考えたこと（コメント）」とタイトルも添えます。こうし
　　て論文作りの部品ができます[5]。

　基礎知識（「①定義」「②起源」「③歴史」「④分類」「⑤現状」）に関して
まずはピースを作り、読みたい資料を増やす。その過程で、「引用」＝
他者と、「考えたこと（コメント）」＝「私」との対話が行われるとし、
次のように捉えられている。

　「考えたこと（コメント）」とは心の動きであり、「感動詞」（「あっ」「うー

ん」「おやっ」等）として表出される。それを「応答（あいの手）」や「呼
びかけ（ツッコミ）」に変換し、さらに「感想」に翻訳、その上で「感
想の根拠や理由を考え」ていく。ピースづくりにおいても、「私」の心
の動きが問われ続けている。

④フィールドワーク―「実名を名乗り、現場に立ち、教えを乞う」フィー
　ルドワークは、「素朴でローカルな人間関係の構築」であり、そこに
　こそ「グローバルな世界へのほんとうの入り口」がある[6]。

　　指導のステップはきめ細かい。「取材先はどこか・どなたか」「連絡先
はどこか」「取材申込みをどうするか」「どう取材するか」「どう記録す
るか」「お礼をどうするか」である。

　　中でも、取材申し込みまでに、自身の問題意識を絞り込んでいること
は重要である。申し込み先決定は1万字〜2万字の草稿作成後である。
依頼の手紙には「どんなテーマを学んでいるのか」「なぜ取材をしたい
のか（動機・意義）」に加え、「具体的な質問と回答への自分なりの予測」
「学んできた本の一覧」が記される。

　　「私」の問いと理解を他者に伝え、実際の対話の中でさらにその問い
を追究していく。フィールドワークがより意味ある場となるよう配慮さ
れている。

2　奈良教育大学附属中学校

　ESD（Education for Sustainable Development：持続可能な開発のための教育）
の理念のもと、2006（平成18）年度から2014（平成26）年度まで「ESDの理
念に基づく学校づくり」「未来を創る子どもを育むESD」を研究主題とした。
2008（平成20）年にユネスコスクールに認定、国際シンポジウムやユネスコ
スクール世界大会に参加する等、わが国の代表的なESD実践校である。内外
からの訪問者も数多い。

　研究成果は『奈良教育大学附属中学校　研究紀要』（第36集〜第45集）、奈
良教育大学附属中学校『附中七十年のあゆみ―最近の十年を中心に』（2018年）
に詳しい。当時の国語科では植西浩一の一連の仕事がある。今回、竹村景生

（現研究推進部長）、若森達哉（現国語科教諭、同中学校出身）、冨山敦史（前国語科教諭、現常葉大学）にインタビューまた資料提供のご協力をいただいた（インタビュー内容については以下、再構成して示す）。

１）指導目標

⑴　ESD理解と研究目標

　70周年誌によれば、ESDの理念は「教育目標と合致」し、長年同校が大切にしてきた「コアな部分」そのものであった。「あらゆるいのちがつながりあって平和的に持続的に共生しているリアルな実感が大切にされた、教えと学びの協奏」が通底すると理解された。

　竹村は2007（平成19）年度を「本格的な始動」期とし、次のように述べている。

　ESDとは「今日地球規模でおこってきている環境破壊や貧困の問題、経済格差、戦争や人権侵害の問題など、私たちの将来を先行き不透明なものにしている現実に対して、社会の持続的な発展へのアプローチの仕方とオルタナティヴな生き方の選択を提案する行動指針」であり、「つながり」をキーワードに「多様な価値観が出会う学びの場」である。

　附属中学生が地球市民として、未来への責任を見据えた「今、ここを生きる」学びと「未来を創造的に生きる」学びを積み重ねる。様々な人と学ぶ喜びを通して、生徒個々にESDの理念が実践的知性として意識され、全人格的に高まっていく。そのことを本研究の目標にしている[7]。

⑵　研究主題に見る基本アプローチ

　各年度教育研究会における研究主題からキーワードを抜粋して整理した。

　　○授業研究、教科学習と学校行事・生徒会活動（～2009年度）

　　○教師・生徒の協働、学校カリキュラム・教育課程、ESDカレンダー（～2012年度）

　　○自己変容の物語、学びの意味につながる対話と記述、ナラティブ（～2016年度）

　教科を核として教科外活動・生徒会活動の「つながり」を生み出していくホールスクール・アプローチと、教師の内省や生徒の「物語り直し」を射程に含むナラティヴ・アプローチへの流れが見てとれる。これらは同校前著「序文」で、柴田義松が高く評価した２点でもあった[8]。

　ナラティヴとは「語り」「物語」と訳され、社会学や臨床心理学、教育学で注目される概念である。70周年誌によれば、「学習課題をひとつの「物語」として理解できたときに、学習者の中に新たな、あるいは真の「学習内容」が構成されるのではないか」という視点から導入された。

２）指導計画

　ESD始動とほぼ同時期、2005（平成17）年に開始された沖縄修学旅行[9]と、2010（平成22）・2011（平成23）年度に軸となった「対話型学習」[10]を取り上げ、先の２つのアプローチの実際を紹介する。

⑴　沖縄修学旅行

　　①ねらい　・平和の大切さを知り、平和の語り部となる。
　　　　　　　・米軍基地問題や自然保護の問題をとらえ、自ら考える姿勢を持つ。
　　　　　　　・沖縄独自の文化を学び、ウチナンチューの心に触れる。

　　②事前学習の流れ

　　　第１ステージ／「ウチナーを知る」沖縄のあらましを自然、歴史、産業、米軍基地、文化・工芸、芸能、食文化からつかむ。

　　　第２ステージ／２日目のコース（平和ガイドとつくる沖縄の旅）にむけて「沖縄と戦争・平和」の学習を進める：キーワード（鉄の暴風、戦争と住民、ガマ、学徒隊、米軍基地〜）からWebbinngして発見、映画「月桃の花」・「ひまわり」視聴。

　　　第３ステージ／１・２ステージで学んだことを現地で確かめ、深めることをねらいとしてテーマと行程を作成する（沖縄国際大学の学生に意見をもらった上で、行程に沿った調べ学習）。

　　③人権学習との関連

・映画「月桃の花」鑑賞（毎年度）／修学旅行現地で、実際に沖縄戦の講演をしていただく安里要江さんをモデルにした映画。新たな語り部としての道徳的意欲・実践力を育む。

・「平和宣言創り」（2014（平成26）年度）／相互理解のための「対話」を通して、暴力の文化について学級で学習。生徒会中央委員会を中心にその原因を考え、どのような対策が必要か、自分たちには何ができるのかを提言し、「平和宣言」とする。実際の「対話」例は次のように報告されている。

> 生徒A「戦争の原因を聞いていると，それはいじめの原因と同じではないかと思いました。そういうことから，戦争はいじめと同じ，人権の問題だと思います。」（中略）
> 生徒C「韓国に行かれた先輩が話された，本当に韓国の中に反日の人がどれくらいいるのか自分で確かめ判断してほしい、ということが心に残りました。わたしたちが聞くのは、韓国が嫌いな人の意見ばかりではなかったのか，他者を知ることを本当にしているのか，と思いました。」

⑵ 対話型学習

　以下、3年間の対話型学習について、植西が実践後に修正した計画を示す（作表は筆者による）。対話の「技能的な部分は、国語科が中心」となり、「言語行為としての対話場面を、総合的な学習、学級活動、道徳、学校行事、生徒会活動等の場」に位置づけ、「有機的な関連付け」と「重層的な学びの中での対話力の育成および人と人との対話的関係の構築と知の創出」を目指したと植西は述べている。

年	期	国語科	国語科以外の諸活動
1	1	○対話の基礎となる聴くことの学習・ノート指導 ○対話入門	○聴くことの大切さについて(学年集会) ○ソーシャルスキルプログラム ○野外活動での交流
	2	○対話力を高める話し合いの学習	○ソーシャルスキルプログラム
	3		○異文化理解学習（異文化との対話）

	1	○インタビューの技能	○臨海実習インタビュー
2	2	○詩を題材に保護者を交えて話し合う ○対話を深める話し合いの学習	○異文化理解学習（異文化との対話）
	3	○ディベート ○阿修羅との対話	
3	1	○(インタビューの技能) ○パネル・ディスカッション	○(沖縄修学旅行インタビュー)
	2	○「模擬市民会議」	○卒業研究発表会
各学年の生徒会活動（意見発表会・生徒総会・各部部会・リーダー研修会）			

(3)　ホールスクール・アプローチと「自分自身（我）の物語」

　若森は、修学旅行初年度に附属中に在学し、現在は同校教諭として国語科を担当する。今回のインタビューで「みんなで「平和宣言」をつくっていこう。どこに行くか、何の話を聞くのか。真剣に考えた。いま教師の立場になり、行事を教科学習が構築していることを実感している」と述べている。また70周年誌において竹村は、沖縄修学旅行について次のように述べている。

　　教科の学びが公共圏をくぐらせてこそ真に社会に働きかける社会の価値創造（ここでは持続可能な社会への価値転換）につながることは、この10年来の（中略）実践から明らかにしてきたといえる。その実践例のひとつが沖縄修学旅行での「平和の語り部になる」聞き書き体験で（中略）ある。そして、それらをまとめたレポートの発表会であり、文集作成作業である。教科で学び得た知識から、自ら社会的な問題群から経験知をベースに教科学習で培った分析知を重ねながら「問い」を導き出し、現地の方たちに問いかけていく。この物語の語りの中で自分の学びや生き方を問い直していくことは、「物語共同体」（庄井）[11]への参画した学びと位置づけられるだろう。そこには、他者（汝）の物語からの呼びかけに応答する、自分自身（我）の物語が求められてくる[12]。

　自らの「経験知」と教科学習で培った「分析知」から導き出した「問い」を、現地の方の「語り」や「呼びかけ」に応答する中で「自分の学びや生き方」

として「問い直し」、「自分自身（我）の物語」としていく。この過程で「自分はどう生きていくのか？」と問い、「持続可能な社会を生きていこうとする者たちの決意と学び、死者―生者―未来の子どもたちと共に生きていく責任が問われてくる」[13]という。先の指導計画は、以上の構想のもとに計画されている。

３）実践の工夫と特徴

(1) 「総合知」の構造

　「わたしとは誰か」「わたしはどのように生きるか」という問いに向かう学力の全体像が構想されている。2013年（平成25）年の研究紀要第42集には、「関係性の中での自身の価値意識の形成＝物語り直し」の全体像が下図のように提案されている[14]。

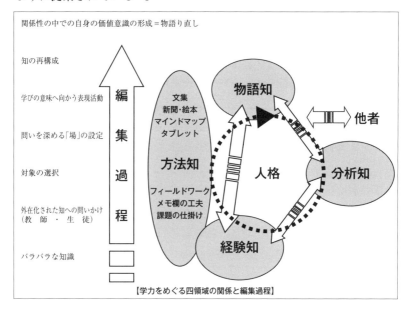

【学力をめぐる四領域の関係と編集過程】

　この全体像は、田中昌弥「学力をめぐる三領域と二つの次元」を土台として作成された。「物語知」「分析知」「経験知」については田中の定義を採用し、「人格」については竹村が位置づけて、次のように定義した。

○「物語知―人生や社会を時間的見通しの中でとらえる知」
○「分析知（要素知）―物語知や経験知を分析して得られる知・科学など」
○「経験知―日々の生活実感、具体的な手触りのある経験」
○「人格―人間意識すなわち人格は、世界という環境から意味を選択しつ
　つ生存する」
「編集過程」については、次のように説明されている。

　　意識主体が外部世界からの「情報」を受け取るときに選択が働き、こ
　れが「意味」という概念となる。人間意識ではこの「意味」が単なる生
　存の方向だけではなく、「よりよき生」という「目的」をもった価値的
　方向に引っ張られる。これが人間をして自由を求めさせ、創造的に芸術
　や科学を生み出させる原因となる。その一連の営みを「編集過程」と呼
　ぶことにする。

⑵　「教えと学びの共奏」
　教える―学ぶという関係を固定せず、両者の「共奏」が次のように目指
されている。
①　沖縄修学旅行での沖縄国際大学学生との関係
　　平和ガイドとしての沖縄国際大学学生と生徒との関係は、「共奏」を象
　徴するものである。竹村はインタビューにおいて次のように述べている。
　　「沖縄の風土や文脈は簡単には理解できない。そういう時にナナメの
　関係としての学生ガイドから生の声を聴くとき、生徒は生身の人間を通
　して直面する問題に出会うことができる。触媒としての学生ガイドの存
　在は大きい。生徒はその体験から「問い」をもって帰る。一方で学生は、
　経済的な報酬を得るだけでなく、自分たちに何ができているのかを自ら
　に問うことになる」
②　教師と生徒との関係における「共奏」
　　70周年誌で竹村は、「子どもたちの声を聴きとり、実践の記録として
　書き留め、教師同士が「子どものリアル」を真ん中において分析する」

ことで、「自明だと考えていた認識が転換するという経験までも生じさせ一段と深い子ども理解、教科の語り直しを促」されたと述べている。「対話―協働―ナラティブ」から「省察する自己の変容が浮かび上がった」ことは、生徒も教師も同様であったと総括している[15]。

　教師側の内省は、教師自身が探究する者として生徒とともにいるということである。以下、竹村はインタビューにおいて、様々な角度からその点を語っている。

　「中林勝男『熊野漁民原発海戦記』を教師が読む。感動したことを語っていく、「ここに注目したんだよ」と受け止めたものを表現していく。自分が感化されたことを語っていく。そこで子どもの想像力が働き始める」

　「自主自立といったって駄目なものはダメと言わなけりゃ。「俺も間違うんだ」という部分ももちながら自分の価値観でもって対峙する」

　「今、雇用者所得が上がっている・いないと賑やかしているけれど、定義と根拠が大切。その疑ってみる、根拠にかえってみることは、例えば石牟礼道子が命の根源に立ち返って語ることと同じ。そこから見えない文化や、自分が生まれてきたことの意味が見え始める」

　以上、竹村の言葉からは、教師自身が価値ある「学び」の体現者になることがすなわち「教え」であり、そうやって初めて生徒たちが「学び」始めるという哲学が読み取れる。ここで「教え」とは、教師の身体を通した価値観の発露である。教師自身が感化された「もの・こと」を、自身の身体を通して語る。事実や根拠に返って考える。教師が生身の人間として「学び」を体現することが、「共奏」の根幹にある。

3　杉並区立井荻中学校「ほんものの私になる」

　2012（平成24）年から2017（平成29）年まで実施された、キャリア教育を核とする探究学習である。共通の標語（テーマ）を「ほんものの私になる」とし、教科・総合的な学習の時間・特別活動を一体的に組織した。学校長であった赤荻千恵子のリーダーシップのもと、「チーム学校」として教育課程

の編成を行った公立中学校での実践である。

1）指導目標

○中学生が自分の言葉で問いについて深く考え、自身の体験や考えを表現で
　きること

○問いを共に共有し、批評し合う「対話」を楽しむことでさらに考えを磨い
　ていくこと（＝“哲学する”こと）

　以上の目標は、学校長である赤荻が、着任当時に感じた子どもたちの課題
から展望したものである。「自分の思いと違う現実に直面したとき、人のせ
いにしたり、悲観したりしないで、その位置から新しい自分のストーリーを
作っていく勇気と誠実さを手に入れることが、人生を切り拓くために必要だ」
という信念である。

　3年間のキャリア教育の根幹には「可能性の未来に向かって自ら考え、多
様な『対話』を通して自己の在り方・生き方を問い続けること。意思をもっ
て選択し、人生を切り拓こうとすること」がおかれた。そこで共通の標語（テー
マ）となったのが、「ほんものの私になる」という「目指す人間像」である。

2）指導計画

　2014（平成26）年～2017（平成29）年の取組みは次の書籍に詳述されている。

○赤荻千恵子著『中学生が哲学・対話するキャリア教育　1つの問いについ
　てとことん考える3年間』（学事出版、2019年）

　実践の全体像を把握する上では、全校読後交流会に関する以下の書籍が参
考になる。

○浜本純逸監修・赤荻千恵子編著『白熱！「中学読書プロジェクト」集団で
　正解のない問について考える1か月』、（学事出版、2016年）

3）指導の工夫と特徴

（1）　多様な人々との「対話」の設定

　　学校に関わる資源（多様な分野の専門家・地域・保護者・生徒・教職員）

が総動員され、全校生徒と大人がともに考え、意見の交流などを通して考えや言葉を吟味する「対話」の場が設定されている。中でも、全校生徒による意見交流は大きな特徴である。2015（平成27）年度は以下が行われた。

○いのちの教育「よりよく生きる」講演と座談会（6月）

○「よりよく生きるために考える」全校意見発表会（9月）

○「『ほんものの私になる』について語り合う会」討論会と講演会（12月）

○道徳授業地区公開講座「よりよく生きるために考える」講演会とディスカッション（1月）

○3年生から1、2年生へ「私の提言」発表（3月）

　学級や学年単位ではなく全校で取り組むのは、「見知ったもの」ではないもの同士が、「公のルール」のもとで、「いままでの枠を超えて考えたこと、感じたことをストレートに言える」ことをねらうからである。

　1冊の本を全校生徒が読み、全校で話し合う「全校読後交流会」も重要な対話の場となっている。全教師へのアンケートをもとに担当教師が課題図書・選定図書を選定、日常的な読書活動を経たハレの場として、「全校読後交流会」が意図されている。

⑵　対話の構造とサイクルの共有化—「書くこと」と「読むこと」の重視—

　「対話」の構造とサイクルが明確化され、「書くこと」や「読むこと」が学習過程に組み込まれている。「対話」の構造については「自己との対話」「他者との対話」「世界（情報・図書）との対話」と捉え、そのサイクルは、教科・教科外活動を貫く。〔自分で考える、小グループで考える、自分で考える、学級で考える、自分で考える、全校・全学年で意見交流する、自分の考えを構築する〕のサイクルが全教職員に共有化されている。

　生徒が書き溜めていった文章（気づいたことや感想、体験学習などの報告）はポートフォリオとして一括される。教科でも教科外活動でも、「ほんものの私」について考え続けた過程が自分の手元に残り、いつでも振り返れるようになっている。

三　授業づくりのヒントとこれからの課題

1）教育課程への位置づけ

　「わたし」を考える題材や場面が有機的なつながりをもって、個々の生徒の深奥にまでとどいていくには、教育課程への位置づけがきわめて重要である。取り上げた３実践では、教職員がチームとなり、目標やアプローチ、テーマを共有するとともに、独立教科の設置、教育課程における関連や統合といった方法が取られていた。この点は、学校種や生徒の実態、地域に応じた創意が問われるところである。

2）学力としての「総合知」と評価

　探究学習を「編集過程」（「関係性の中での自身の価値意識の形成」）として捉え、「物語り直し」という概念から学力と評価を構想する。奈良教育大学附属中学校の提案は、現段階での１つの到達とみてよいだろう。振り返りといった観点から、現在も内省的記述は重視されている。その内容を、学力や総合知への位置づけ、自己物語の変容という視点から捉えなおすことは今後求められる課題である。

　ここでいう「編集過程」は、１つのテーマや言葉を定義し続ける営みである。その意味で、言葉（概念）の内実と外延を問う学びが「わたし」を考える土台になると考えられる。また、在学中の記述（文集や作品等）にみる自らの物語を、卒業後に「物語り直」すことがすでに試みられている[16]。探究学習の評価について、その射程や役割を再考する上で、注目される取組みである。

3）価値あるものを「探究」し選定する教師

　清教学園高等学校片岡、山本は「探究科」の始動期、『広辞苑』全版をインターネットやオークションでそろえ、神保町で本を探し、新聞の切抜きを集めて生徒に渡している。その姿に注目し、藤本は次のように述べている。

「行き詰った生徒の相談に乗り、そのおしゃべりの中から新しい道を一緒に探っている。生徒に「探究」させるだけでなく、教師もまた新しい事柄を一緒に「探究」している。試行錯誤、軌道修正を繰り返し、1つの授業を作り出している」（藤本英二、「清教学園高等学校探究科の記録を読む」、『ブリコラージュ通信NO.10』、2019年、7頁）。

　探究の各局面で、生徒個々の「心の動き」や関心を徹底的に問う一方で、生徒にとって価値あるものを常に「探究」し選定しようとする教師の姿勢がここにある。これは、奈良教育大学附属中学校の「教えと学びの共奏」と通底するものであろう。また別稿で検討したように、杉並区立井荻中学校実践においても、課題図書・選定図書の各リストは教師集団の鑑識眼を通して常に更新されている[17]。

　探究学習が生徒個々の「わたし」をめぐる問いに到達するか否かは、教師の側がこの「共奏」をどう捉えるかに鍵があると考えられる。価値あるものの「探究」者たる教師、渦を起こすダイナモとしての教師がいるところに生徒の「学び」は立ち上がるのである。

（謝辞）清教学園高等学校探究科実践に関して、藤本英二氏にご案内また資料提供を賜った。テキストおよび資料送付については高校作文教育研究会（代表：中井浩一氏）事務局田中由美子氏・宮尾美徳氏にご尽力いただいた。

　奈良教育大学附属中学校竹村景生・若森達哉両氏には2019（平成31）年2月12日インタビューにご協力いただき、合わせて貴重な資料をご提供いただいた。同校校長森本弘一氏には以上をご快諾いただき、常葉大学冨山敦史氏には連絡調整の便を図っていただいた。

　前杉並区立井荻中学校長赤荻千恵子氏には学校運営方針について有益なご教示をいただいた。

　以上、お力添えをいただいた皆様に改めて感謝を申し上げる。実践について参考文献を挙げるにとどめ、インタビューについて全体を記述し得なかった点を心よりお詫び申し上げる。ご海容願いたい。

注

1）静岡大学教育学部附属静岡中学校『新墾（にいばり）』第66号、2019年3月。

2）清教学園高等学校探究科『卒業論文の基礎　タラントン2013』LIBRARIA SEIKYO、7頁。

3）注2と同書、8頁。

4）清教学園高等学校、『清教学園高等学校　探究科の記録 2008-2016　タラントン"賜物"を探していかす』176頁、179頁。

5）小笠原喜康・片岡則夫『中高生からの論文入門』講談社、2019年、76頁。

6）注5と同書、125頁。

7）竹村景生「奈良教育大学附属中学校のこの10年間の教育研究の歩み」奈良教育大学附属中学校『附中七十年のあゆみ―最近の十年を中心に―』2018年、49頁。

8）柴田義松「序文」奈良教育大学附属中学校『学力がつく総合的な学習の構築』明治図書、2004年。

9）小嶋佑伺郎「道徳教育」奈良教育大学附属中学校『附中七十年のあゆみ―最近の十年を中心に―』2018年、187-192頁。

10）植西浩一『聴くことと対話の学習指導論』溪水社、2015年、69-73頁。

11）以下の注釈が付されている（田中孝彦他編著「創造現場の臨床教育学」明石書店　第5章　庄井良信、第13章　田中昌弥　2008）。

12）注7と同論文、58-59頁。

13）竹村景生「総論「未来を創る子ども」を育むESD（3年次）～自己変容の物語を捉える―学びの意味に意味につながる対話と記述―～」奈良教育大学附属中学校研究紀要第42集、2013年、5頁。

14）注13と同論文、5-6頁。

15）注7と同論文、63頁。

16）清教学園高等学校探究科では実践後に詳細なアンケートを実施している。その中に探究科での学びを意味づけさせる質問がある（「『後輩にタラントンを勧める、勧めない』の理由を含めて、後輩にタラントンを紹介せよ。『先輩、タラントンはどんな授業ですか？』という問いに答えてほしい。肯定・否定、内容も問わない。」、『タラントン2016清教学園高等学校●連携コース卒業論文』211頁）。奈良教育大学附属中学校では卒業生の振り返りの考察がなされている（注13と同論文、8-15頁）。赤萩千恵子実践でも同様な取り組みがなされている（『中学生が哲学・対話するキャリア教育　1つの問いについてとことん

考える 3 年間』、学事出版、2019年、8-15頁）。

17）坂口京子「教師の選書を視点とした読書指導の改善」早稲田大学国語教育学会『早稲田大学国語教育研究』第38号、2018年、17-23頁。

参考文献

赤荻千恵子『中学生が哲学・対話するキャリア教育 1つの問いについてとことん考える 3 年間』学事出版、2019年。

植西浩一『聴くことと対話の学習指導論』溪水社、2015年。

小笠原喜康・片岡則夫『中高生からの論文入門』講談社、2019年。

清教学園高等学校探究科『清教学園高等学校 探究科の記録 2008-2016 タラントン"賜物"を探していかす』

清教学園高等学校探究科『卒業論文の基礎 タラントン2013』LIBRARIA SEIKYO

清教学園高等学校探究科『卒業論文のデザイン タラントン2014』LIBRARIA SEIKYO

清教学園高等学校探究科『タラントン2016 清教学園高等学校●連携コース卒業論文』、LIBRARIA SEIKYO

奈良教育大学附属中学校『学力がつく総合的な学習の構築』明治図書出版、2004年。

奈良教育大学附属中学校研究紀要第42集『「未来を創る子ども」を育むESD〜自己変容の物語を捉える―学びの意味につながる対話と記述―〜』2013年。

奈良教育大学附属中学校『附中七十年のあゆみ―最近の十年を中心に―』2018年。

浜本純逸監修、赤荻千恵子編著『白熱！「中学読書プロジェクト」 集団で正解のない問について考える 1 か月』学事出版、2016年。

藤本英二「清教学園高等学校探究科の記録を読む」『ブリコラージュ通信 NO.10』、2019年。

展　望
国語科の「探究学習」はどこへいくのか

府川　源一郎

「探究学習」と「注入教育」

　「探究学習」と対置されるのは、おそらく「注入教育」だろう。

　「注入教育」とは、あらかじめ決まっている教育内容を学習者に注ぎ込むように与えていく教育のことである。典型例として、戦前の日本の初等教育を挙げてもいいかもしれない。そこでは、国定読本などのあらかじめ作られたテキスト集を、前から順にこなしていくような授業が展開されていた。そうした潮流に抗う教育実践も試みられたものの、大方の教室で行われた国語の授業は、教科書の教材文を絶対視した上意下達の画一的なものだった。教授活動は、教科書本文を解読したり漢字や語句の反復練習をくり返したりすることが中心で、学習者は受け身になることが多く、学習評価も、教材文をどれだけ諳誦できるか、あるいはそこで獲得した知識をどれだけ再現できるかに関心が集まりがちになる。

　もちろん「注入教育」においても、教授内容の理解という効果を発揮する可能性がある。実際、戦前の初等国語教育は、国民意識の創成や一定水準の読字力・読解力の育成という目的をかなりの程度達成したと考えられる。しかし、学習者自身の興味関心から出発して主体的な学習を展開させるという点において、大きく欠けるところがあったのもまた確かなことであろう。

　これに対して「探究学習」は、個人の興味関心から出発し、様々な資料を収集・吟味したり実験・観察をくり返したりして追求的な学習活動を展開する。さらにそれが一定の達成にいたったところで1段落をつけるような学習過程が採用される。そうした学習方法は、学習者個人の問題意識を涵養し、1人ひとりの主体的な態度を醸成することが可能であり、民主主義社会を志

203

向する教育理念とも合致する。実際、戦後直後には「探究学習」の普及こそが民主主義の基盤を培うと考えられていた。また今日、「探究学習」は、これからの先行き不透明な時代を切り開く学習方法としても脚光を浴びている。なによりも重要なのは、それが教師中心・教材中心の「教育」理論ではなく、学習者の問題意識を出発点とする「学習」理論にほかならないという点である。

　だが、戦後直後の不十分な教育環境の中で、その理想を教育実践のレベルで押し進めていくには、あまりにも多くの現実的困難が控えていた。たとえば、学級構成員の数が多いまま、それも一斉指導という学習形態を採用して、本格的な「探究学習」を進めるのは至難の業である。また、学習者に資料探索の方法やその活用・保管の技術などを身につけさせようとしても、図書館や情報センターの整備あるいは、教育機器や様々な文具などの用意もできていなかった。学習者個々の興味関心を引き出し、それを学習の目標に据えて、最終的に到達すべき地点にたどり着くような学習を保障するためには、目の前の学習者に合わせたカリキュラム編成が可能な教員を育成しなければならない。あわせて、多くの資料の選択やそれを教材化できる指導者の能力も必要になる。「注入」から「探究」への転換には、多くの豊かな教育インフラが要請されるのである。もっとも今日では、そうした戦後直後の貧弱な教育環境は徐々に改善されてきており、「探究学習」を展開するための教育条件はかなり整えられてきたといっていいだろう。

　そこで以下では、これからの「探究学習」の原則と新しい可能性とを様々な角度から模索してみたい。まずは、「探究学習」の代表的な学習形態であるいわゆる「課題解決学習」を中心に、その原則を確認してみる。さらにそうした学習形態を「国語科」の学習に持ち込んだときに生じる特有の問題に関しても検討し、国語科における「探究学習」の可能性について考えていきたい。なお、本稿では「探究学習」という概念を「課題解決学習」とほぼ同義と考えて論議を展開していることを、あらかじめお断りしておく。

一　「課題解決学習」という学習形態

1　「課題設定」の問題

　これからの学習にあたっては、学ぶ行為と学習内容とをもっと学習者の側に引き付けなければならない。というのも、あらかじめ与えたプログラムを順番にこなしていくような授業だけでは、学習者が自ら問題を立てそれを主体的に解決していく学力は育ちにくいからだ。

　いうまでもなく、そうした能動的な学力をつけさせようと、現在までにさまざまな学習方法が開発され実践が深められてきた。「探究学習（課題解決学習）」もその１つであり、国語教育も、その影響を大きく受けてきた。それは、現在の検定教科書の指導書などに掲載されている学習計画を代表的な例として、一般の国語学習の大部分の単元指導計画に、課題設定の段階が導入部分に組み入れられていることにも現われている。

　しかし、これもよく話題になることなのだが、その「課題」の設定がなかなか難しいのもまた確かである。子どもたちの教材への最初の反応をすくい上げ、それを学習課題として提示することは、思いのほかに困難なのだ。課題解決的な学習の難点は、まさにこの点にあると思われるのだが、それにもかかわらず十分研究的に深められているとは言い難い。

　実際、稿者が見せていただく授業の多くの単元計画には、申し合わせたように第一次の初めに単元全体の見通しを持たせたり、１人ひとりのめあてを確認させて課題を設定する時間が設けてある。しかし、研究授業などで公開されるのは、大方がそれを踏まえたあとの文章内容の読み取りや学習成果の発表の場面であって、初めの課題設定のありかたそのものが研究的に提起されることは少ない。どのような動機づけで、どのように学習のめあてを学習者に持たせるのか、それが正面から検討されなければならない。

　その際、学習は必ず課題がなければ始まらないのか、と問うてみる必要もある。本当に学習課題の設定が単元冒頭に必要なのかどうか。実際には、学

習者にせっかく課題をたてさせ主体的な学習者育成の方向を指向しているように見えながらも、それが形骸化している場合も多い。こうした問題意識も頭の片隅に置いておくべきだろう。

2 課題設定のレベル

　課題解決的な学習を、比喩的な例に置き換えて考えてみよう。私たちはあらかじめ目的をはっきりと持って走り出すこともある。けれども、走り出してからその目的がだんだんに見えてくる場合もあるし、また走り終ってからやっと何のために走っていたのかがはっきりと分かる場合もある。はなはだしい場合には、自分自身では何のために走っていたのかが分からず、人に指摘されて初めて自分の行為の意味が分かる場合さえある。

　とするなら、「課題」とは走り手にとって、常に初めから顕在的に言語化されたものとして存在するわけではない、とひとまずはいえるのではないか。もちろん稿者は、走るときはいきなり走り出すべきだとか、走り出す前には何も考える必要がない、というようなことを主張しているのではない。さらに、これはいうまでもないことだが、走るのは、他人のためにする行為ではないし、いわんや外側から指示強制されてするものでもない。

　これを、課題解決学習に引き当てるなら、どうやらこう考えればいいということになりそうである。すなわち、初めから「課題」をたてたほうがよい場合もあれば、そうでない場合もある、と。しかし、こういったのでは何の解決にもならない。大事なのは、そこでの課題の質、またはレベルの違いを意識することではないか。走ることの目的はきわめて多様である。「体力作りのため」もあるだろうし、「早く目的地に着くため」もあり、「賞金目当て」もあるだろう。また「走るという行為それ自体のため」や「人生の意義を考えるため」に走るのかもしれない。

　こうしたことを再度、課題解決学習に引き合せてみると、学習の目的、すなわち学習課題を具体的な活動レベルと題材・内容レベル、また技術的なレベル、理念的なレベルなどに分けて考えてはどうかという提案になる。実際、子どもたちに当該学習にあたってそれぞれに自由に「学習課題」を考えさせ

ると、さまざまなレベルの課題が混在して出されることが多い。それらを精査して、レベル分けしてみるのである。

　最初のうちは、活動のレベルの具体的な課題を取り上げるといいだろう。これは小学生などにはきわめて取り付きやすい例になることが多い。つまり「朗読会をしよう」とか「感想を交流しよう」というような、言語活動のレベルでの行動のうながしを、最初の課題にするのである。なんといっても活動の様子は目に見えやすいし、具体的な到達イメージを描きやすい。早い段階で、「主題を考えよう」とか「段落相互の関係をとらえよう」というような技術的なレベルの課題を前面に掲げるのは、あまり賛成できない。というのも、子どもたちが主題を考えたり、段落構成を調べたりする目的で教材を読むのは、特別な場合だからだ。技術レベルの課題、あるいは理念的なレベルの課題を押し出すことは、その授業を計画する教師側の指導目標とも合致し、いかにも明確でくっきりした展開になるようでありながら、実際には子どもたちの驚きや意欲などの感情を十分に包摂することができず、学習者抜きの授業になることも多い。技術的・理念的な目標は、教師が背後に隠し持っていれば良いのであって、まずは子どもたちに活動そのものの喜びにひたらせることが重要である。

　実際、子どもたちの学習に向かう意識は、主として活動のひとまとまりによって統御されることが多い。活動の開始と収束とが、学習の単位のひとまとまりを子どもたちに自覚させるのだ。その意味でも、活動を前面に出すことによって子どもたちの学習が活性化するという事実は重要である。そのような生き生きとした言語活動を現出させるためにこそ、言語技術が必要とされるのであって、決してその逆ではない。

　もちろん、言語活動そのものは「課題」になじまないという意見もあろう。だがここで大事なのは、教師の指導目的と子どもの学習目的とは必ずしも重ならない、と考えるべきだということである。教師の指導目的は、最終的には子どもの具体的な活動の姿として達成される。そのためには、子どもの学習課題は子ども自身にとって、結末が想像しやすいものが望ましい。そうであればこそ、言語活動を充実したものにしようする子どもの必要感も生れて

くる。さらにいえば、そうした学習を経験したという充実感が、言語技能や言語能力を題材・内容のレベルで課題として取り上げようという、次の段階の単元にチャレンジする意欲にもつながっていく。

　もっとも、昨今では学習指導要領などの影響もあって、どの授業においても「活動レベル」の課題だけで押し通そうとする事例も数多く見られるようになってきた。またそれを積極的に推奨しようという動きもある。だが、第1に考えなければならないことは、目の前の学習者たちの状況や取り上げようとする「題材」との関連を十分に考えた上で、授業計画を決定することである。その際、「活動レベル」だけではなく、「題材・内容レベル」や「技術的なレベル」さらには「理念的なレベル」での課題も十分に視野に入れておく必要がある。

3　「課題」は、どこから生まれるか

　課題解決学習を進めるにあたっては、さらに考えておくべき重要なことがある。それは、「課題」がどこから生まれるか、という問題である。

　子どもたちから学習の手がかりを引き出すために、素材をそのまま投げかけて、この素材で何が勉強できるか、あるいは、何を勉強したいか、と問いかけるところから学習を出発させることはないだろうか。たとえば、「一つの花」（今西祐行作）を読んだあと、この素材で勉強したいことを書かせて、それを整理して課題化し、学習を進めるという方法である。こうした学習展開も、多くの学校現場で行われている。教師の側から一方的に「学習の課題」と称して、子どもの問題意識とはまるで異なった課題を与えて、そこから学習を出発させるよりも、優れた方法かもしれない。

　しかし、当然のことではあるが、子どもたちから出てくる「学習課題」は、それまでその学級でどのような学習をしてきたかという経験によって大きく規定される。さらにいうなら、子どもたちは学習活動に関して案外保守的な側面も持っている。前の単元で、「最後に朗読劇をしよう」という目的をもって学習活動を展開したとすると、また今回もそれでやろう、といいかねない。いや、「保守的」といういいかたは適切ではないだろう。というのは、子ど

もたちから、またあのときのような学習方法を採用しようという声が挙がるのは、その学習がある程度成功した証拠だからである。子どもたちは、充実して、しかも楽しかった学習については、必ず覚えている。しかし、その提案に安易に乗って学習計画を組んでも、柳の下に再びどじょうがいるとは限らない。

　「一つの花」という教材を読みを深めていくとしよう。例えば、「朗読劇」という最終目的に向かって学習活動を展開するのが最適なのかどうかについては、教師の側の見極めが必要である。その際、できることなら、学習者の状況に適合した新しい学習方法を常に模索する姿勢を持っていた方がいい。「課題」の設定も、子どもから出てきたものだけを採用すると、方向修正をしようと思ったときには、教師にも子どもにもかなりのエネルギーがいるし、なによりもマンネリになりやすい。

　課題解決を求めて学習を進めていくと、当初の計画通りに学習が展開しない場合が往々にして生じる。事前にあれだけ教材研究を行い、指導計画に関しても手を尽くして考え抜いたはずなのに、教師の予想とは異なった展開になってしまう。もちろんそれは指導者の側が十分に経験を積んでいないから、あるいは学習者の状況を把握し切れていなかったから、ということはできる。確かにその通りかもしれない。だが、そんなときにはしばしば思いもかけない子どもの発言や行動がきっかけで、学習が再び動き出すことが多い。それまであまり学習に参加していなかったように見える子どものささやかな発言や、本筋の学習活動とは外れているように思えた子どもの行動が、単元を大きく動かす要因になるのである。もちろんそれは通常の学習においても同様だろう。とりわけ最終の着地点が見えにくい「探究学習」の場合には、そうしたトリックスターのような子どもが登場して学習を活性化し、課題解決の転換点になることが多い。それは同時に、子どもの持っている様々な可能性を、教師自身が発見する貴重な機会にもなる。

4　「個人の課題」と「共通の課題」

　探究学習の中に「個人の課題」と「グループの課題」、あるいは「学級全

体の課題」などを効果的に設定することは、どこでも行われている方策かもしれないが、これも重要な留意点である。

　例として稿者が小学校の教員をしていたときに、小学校4年生を対象にした方言の学習を取り上げてみよう。この単元では、最初に教科書教材だった斉藤隆介の「八郎」を読んだ。教科書では、作品の「あらすじ」をつかむための教材として採択されていたのだが、子どもたちはそこで使われていた「秋田方言」にひどく興味を示した。東京近辺に住んでいる子どもたちには、新鮮に思えたのであろう。そこで、さらに大阪方言で書かれた作品や方言を題材にした文章などを読んだり録音装置で方言音声を聞いたりすると、子どもたちの「方言」への興味はますます増大していく。そこで国語の学習で、「全国各地の方言を調べてみよう」ということになった。これが「学級共通の課題」にあたる。この後、保護者のご家庭の友人知人あるいは親類などの伝手をたどって、全国各地在住の方々約60人に、この調査に協力していただける確認がとれた。

　こうした準備が整ったので、それぞれが方言語彙の調査依頼状を出すことにした。まず「おはようございます」や「便所（トイレ）」など、学習者が知りたい方言語彙を一つ決め、それを全国の60地点に尋ねるという活動にうつった。この「学習者が知りたい方言語彙」というのが「個人の課題」ということになる。相手に応じた依頼状の書き方の工夫や、返信用封筒への表書きやそのルールの徹底など、言語活動は多岐にわたる。また返事が集まってからは、学級人数39名×60のデータ処理をそれぞれが分担した。最後に簡略な「全国方言地図」を作成して、全国の方言分布の様子をまとめて作文に書き、それがこの単元の終了になった。

　この単元では、各自が個人の追求課題を持っていた。それは、その学習者個人だけが担当している方言語彙であり、学級で個別語彙の方言地図を比較検討して全国の方言分布の全体像を検討するときの必須情報になる。つまり、個人の課題解決と学級全体の課題解決とが相互関係にあり、個人の課題を追求することが同時に全体の課題を完遂することにつながっている。この単元の例のように、一斉学習の中で個人の課題追究を全体の課題の解決と直結さ

せる学習計画の組み立て方もあるだろうし、その間にグループの課題を挟み込むという場合もありうるだろう。また、全員が同じ課題を追求することによって成果が生まれるという場合もあるだろうし、それぞれが個人の課題を追求して最後の発表会で初めて互いの成果を知るという単元構成もあるだろう。

　いずれにしても、個人の興味関心をもとにしながら、それが学級やグループ学習の課題追究の道筋にどのように位置付くのかを考えて単元計画を立案する必要がある。その際指導者には、取り上げる題材の特性をよく知っておくことや、学習者の資料収集のしやすさやその方法、あるいは集めた情報の処理の仕方などに関して十分な用意をしておくことが求められる。

5　課題創出力の育成

　ところで、私たちは何のために課題解決学習を組織するのか。こう問われたら、なんと答えたらいいだろう。まずは、課題を解決するためだというのが大方の答えではないか。その通りである。私たちは、設定した課題を追求するために、様々な情報源をたどり、取材先を決めて調査したり、実験をしたりして、結果をまとめる。そうした一連の行動は「課題」の解決という一点に向かって集束していくはずだ。その結果、めでたく課題が解決したときの充実感、満足感は、学習を進めることの喜びを十分に味わわせてくれる。

　もっとも、主体的に課題に取り組み、それが一定の成果を上げたとたん、そこにたどり着くまでの過程は、忘れ去られてしまうことが多い。なんといっても「課題」の「解決」が重要なのだから、それはある意味で当然だといっていい。

　しかし、「課題解決学習」には、課題解決の手順と学習の方法を学ぶという側面がある。それは、課題追求の過程を取り立て、それを「方法知」として問題にするということでもある。これからの教育にとって重要なのは、そうした部面にも光を当てることなのではないか。課題解決的な学習は、課題を解決することが第一義の目的である。だが、同時にそれは課題解決の過程を体験し、その過程を自覚的に意識するためでもある。すなわち、私たちは

学習者にいわゆる「学び方」を身につけさせるために、課題解決の学習過程を経験させているのである。

　その際、重要なことは、解決の手順だけをマニュアル化して抜き出し、身につけさせようとしてもあまり有効ではないことだ。もちろん、ものごとを考えたり、調べたりするためには、一定の原則的な手続きがある。それを大づかみに示したり、あるいは課題解決の方法についての見通しを、学び手自身が持つことはきわめて大事であることはいうまでもない。したがって、学習の過程を図式化したり、フローチャートにしたりして、進むべき道筋をおおまかに理解しておくことは必要である。

　だが、そうした方法の獲得は、設定した「課題」が充実した体験をともなって成就することと不即不離の関係にある。課題を解決してみて、なるほどそうなのか、目から鱗が落ちた、といった新しい発見体験がない限り、そこで使われた方法としての「学び方」は、次の学習へと転化することはない。学習活動そのものへの充実感こそが、「学び方」の有効感を保障する。課題を解決して何の喜びも湧かなければ、学び手にとって次の学習への意欲は生まれない。

　ここで本節冒頭部の問いに戻る。何のために課題解決学習を行うのか。それは、学習者自身が新たな課題を見つけだすためである。課題解決学習は、自らの課題設定能力を高めるために行うものでもあるのだ。それを課題創出の力の育成と言い変えてもいい。与えられた課題をこなすだけではなく、自ら課題を設定し、他者の助けを借りたり、様々な情報を探索しながら、解決していく。その結果として醸成されるのは、その課題設定が自分にとって適切であったかどうかという課題設定に関する自己評価の能力である。だからこそ次なる課題をより適切に設定することが可能になるのであり、それが自らの問題意識を具体的に検証していく力にもなるのである。「問題解決学習」という「場」は、課題そのものとその課題設定自体の過程を再検討するために存在する。

　いうまでもないことだが、最終的に子どもたちに身につけてもらいたいのは、自ら課題を見つけだし、それを解決していく能力である。その実現のた

めにこそ課題解決的な学習を展開する必要があるのであって、あらかじめ外側から与えられた課題を解決するためにだけ「探究学習」の目的があるわけではない。そのためにも、様々な学習場面、そのときそのときが充実した「走り」でなければならない。その瞬間瞬間の充実した確かな「走り」こそが、自ら課題を設定し、それを解決していく能力を支えるのである。

二　国語科における「課題解決学習」

1　国語科の固有性と独自性

　ここまでは、「探究＝課題解決学習」という学習方法一般について考えてきた。もちろん以上述べたことは、基本的に国語科においても大事にされなければならないことでもある。それにもかかわらず、これまでの国語科において「課題解決学習」は、必ずしも学習理論の中心的な話題になってきたとはいいにくい。別の言葉で言うなら、国語科の学習には「課題解決学習」はなじまないところがあると考えられてきたフシがある。

　というのも、「国語科の授業」という立場から「探究学習」を展開しようとすると、ほかならぬ「ことばを教育する」ことに関わる固有性と特別性の問題が常につきまとうからだ。国語科の学習指導において、「ことば」は学習者に身につけさせたい「教育内容」であると同時に、それを実現するための「手段・方法」でもあるという二重性を帯びている。この問題を十分に自覚しつつ学習指導に当たるか否かによって、国語科における「課題解決学習」の成果は大きく左右される。以下、こうした「ことばの教育」におけるその固有性と特別性との問題と、それを視野に入れた探究学習のあり方のいくつかを考えてみたい。

　そもそも、国語科とは、「ことば」を知識情報を獲得するための手段として使いながら、同時に「ことば」が指ししめす知識情報それ自体を理解させる教科である。すなわち、国語科は「道具教科」であると同時に、ある意味で「内容教科」でもある、ということになる。なぜなら、そもそも「ことば」

213

という記号は、認識を伝達する媒材でもあり、また認識内容を実質的に形作る存在でもあるからだ。

　そのことを他教科の学習と対照させながら、具体的な例で考えてみよう。

　例えば、「社会科」では「税務署は<u>なぜ</u>必要なのか」、あるいは「理科」では「光合成は<u>どのように</u>行われるのか」というような学習課題を設定することが可能である。教科学習の内実は、社会科の教科内容としての「税務署の役割や機能」や、理科の教科内容としての「光合成の仕組み」を追求していく過程の中で担保される。学習指導過程は、「なぜ？」「どのように？」などという疑問の形で学習対象への問題意識を喚起することに始まり、それに関わる情報を調べたり仮説を立てて実験検証をしたりすることで一定の解決にいたる。そうした一連の課題解決のプロセスを通して、社会の仕組みを解明するための考え方や理科的（科学的）なものの見方が育つ。つまり「教育内容」を課題追究の柱とすることのできる社会科や理科などの「内容教科」では、追求課題の設定は比較的容易だと考えられる。

　同様の発想で、国語科で探究する「課題」を設定するとしたら、どんな話題を取り上げることが可能だろうか。もし前述の社会科や理科と同じようなレベルで「課題」を立てるのだとしたら、国語科においては、たとえば「『ガ』と『カ』という発音の違いは<u>どこにあるか</u>」とか「平家物語は<u>なぜ</u>人々に受け入れられてきたのか」といったようなものになるかもしれない。発声や音韻に関するメカニズムを探究の対象としたり、文学作品受容の歴史の解明を課題化するのである。こうした「課題」を追求することで調査・探索学習を展開すれば、音声の構造とその仕組みや、文学受容の文化史の解明が期待できる。言い換えれば、「音声の構造とその仕組みや文学受容の文化史」が、国語科の学習内容になるのである。もっとも、「発音の仕組み」を探索する学習は、限りなく「理科」の教科内容に近づいてしまうようにも思えるし、「作品の受容史」は、限りなく「社会科（歴史）」の教科内容に近づいてしまうようにも思える。

　社会科や理科の学習では、探究の対象として設定された課題の解決が中心的作業になる。その課題を解決する言語能力として前提となるのは、まずは、

「税務署」や「光合成」という単語がどのような文脈の中で使用され、類語や近親語とどのような差異があるのか、またそれを調べるためにどのような辞書や事典を使うのか、などの語義や文章を読み解く力である。きわめて乱暴な言い方だが、それを「言語抵抗を取り除く力」と言い換えてもいいかもしれない。さらには、収集した資料の収集選択する力や効果的に議論を進行させる討論の力などの言語活動の力も必要である。それ以外にも、課題解決の途中でインタビューやメモを書くなど様々な言語活動の能力が必要になる。しかし、それらは理科や社会科という教科で育成すべき第一義的な能力と考えられてはいない。社会科や理科のような「内容教科」は、社会的な認識方法や科学的なものの考え方を獲得させることが主たる教育内容であって、そのための文章読解能力や、課題探究に関わる手段や方法を支える言語活動能力を教科目標としてあえて取り立てることはない。

2　国語科における用具教科としての役割

　それに対して、国語科では「発声と音韻に関する知識」や「文学作品受容の歴史」だけではなく、その前提となる「言語抵抗を取り除く力」や言語活動諸能力を向上させることも「教科内容」として取り上げる必要がある。具体的な言語活動でいうなら、未知の情報を収集するために課題にふさわしい資料や書籍を探索して、それを素早く読んだりていねいに読んだりして適切に要約すること。あるいは、質問をする必要が生じた際には、質問事項を整えて相手から効果的に話を聞きとること。収集した情報を整理して仲間と効率的に話し合うこと。最終的に到達した結論を的確に要約して分かりやすく文章化したり図表化すること。さらには、探索や考察の結果を場と状況に応じて効果的にプレゼンテーションをすること、などの言語活動の力をつけなければならない。

　つまり、国語科の学習指導にあたっては、仮に「発声と音韻に関する知識」や「文学作品受容の歴史」を課題として設定し、それを追求して解明していくような学習を組んだとしても、まずは言語抵抗を取り除く作業とともに、その場に働く言語活動の質の向上を意図的に図らなければならないというこ

とである。というより、そこに他教科とは異なる国語科独自の立ち位置がある。国語科がしばしば「用具教科」と称されるのは、こうした言語活動力の育成こそが国語科固有の役割だとする見方がその根底にあるからである。いうまでもなく、現在の「学習指導要領」の教育課程も、そうした考え方に立って立案されている。このような枠組みの中で考えれば、言語活動諸能力を意識的に向上させることを目的とする教科目は、「国語科」しか存在しない。したがって、学習指導要領の教科枠の中では、言語活動能力の育成に責任を持つのは、国語科として当然の仕事だということになる。

さらにいうなら、もし現行の「学習指導要領」に縛られず、新しい教育課程を独自に編成して教科目を一新したとしても、言語能力と言語活動能力の向上を図る機会と場とをそこに用意しなければならないことに変わりはない。どのように「国語科」の性格を規定するのかは別としても、少なくとも現行の国語科が、各教科を支える「基盤教科」と呼ばれることがあるのは、すべての教科学習が言語活動を支えとして行われているからである。実際、言語活動を介在させない教育活動は想像しにくい。

したがって、「国語科」は、言語文化や言語構造に関する理解を促進する教科であると同時に言語抵抗を軽減し合わせて言語使用能力の向上を引き受けるという二重の役割を負わなければならないのである。この基本的性格が、「探究学習」を行おうとするときに、どのように影響してくるのか、それが次の問題になる。

3　言語抵抗の除去が重要だった時期

前節において、国語科の学習指導では、言語内容への認識を深めることと、その手段である言語抵抗を軽減し、言語活動の質を向上させることとを同時併行的に行うことが重要であることを確認した。しかしもともと国語科の役割はそのようなものだったわけではない。それを理解するためには、日本近代における「ことばの教育」の歴史的な経緯を踏まえておいた方が、よりよく納得してもらえるかもしれない。

まずは、歴史的な経緯から略述する。

　稿者は先ほど、戦前の国語学習は「注入学習」だったと述べた。そうなった原因の１つとして、教科書に登載されていた教材文の言語形式がきわめて難解だったことを挙げてもいいように思う。なぜなら、近代教育の揺籃期だった明治期には、教材の文章は言語抵抗の大きい漢文や文語文だったからだ。知られているように書き文字を持たなかった日本では中国渡来の漢字漢文が長い期間にわたって公式の書きことばとして文書に使用され、それを主たる伝達手段として国内統治がおこなわれてきた。正式な文章とは漢文（文語文）であるという通念が浸透していた。したがって、漢文（文語文）の読み書きに習熟させることが教育の大きな使命だと考えられたことは、当然の帰結である。そうした言語文化状況は、明治期に入っても直ちに変化することはなかった。また後に述べるように、明治後期から言文一致体が社会一般に普及した後でも、正式な文章とは漢文あるいは文語文であるとする文章観は簡単には変わらなかった。その上、明治初期には西欧の文物や知識を一気呵成に日本に移入して効率的に近代化を図るため、漢語による多くの翻訳語が新たに作られた。それらの翻訳語が日本の急速な近代化に大きな貢献をしたことは間違いない。だがその一方で、漢語を借用して翻訳された学術用語や科学用語と、庶民が日常使用している話しことばとの乖離も大きくなってしまった。

　そうした言語状況下で国語教育に期待されたのは、漢文体を基調とした文語文や難解な翻訳語を平易な日本語に置き換えることによって理解する学習である。当然、国語教育の中心的部分は、漢字の読みや語句の意味の理解などの言語形式を重視することにならざるを得ない。そこで、文章を読むことの学習においては、文章を音読することで精一杯で、その内容を精査する作業は不十分になるという問題も生じた。学習者が獲得した言語を自らの「探究活動」で駆使するようになるためには、相当の学習時間と整った学習環境とが必要だったのだ。つまり、明治期には、初等教育を受ける多くの学習者が「探究学習」に取り組もうとしても、そのための言語的なインフラが十分に整備されているとは言えなかったのである。

4　学習のための日本語の平易化

　もっとも、明治後期から言文一致文体が一般にも認知され、初等教育の国語教科書に取り入れられることによって、状況は少しづつ変わっていく。とりわけ、児童生徒が日常語に近い平易な文体で日常の出来事を文章記述できるようになったことは、大きな前進だった。乱暴な名付けであることは承知の上で、そこで産出された子どもの作文を、ここではおおざっぱに「生活綴方＝生活文」としておこう。重要なことはこれ以降、とにもかくにも子どもたち自らが記述対象を選択し、それを日常の話しことばに近い文体で「生活綴方＝生活文」を記述できるようになったという事実である。その道筋の上に、「調べた（る）綴方」という作文ジャンルが生まれてくる。この「調べた（る）綴方」は、おそらく「課題解決学習」の実現を可能とする言語的な下地としてとらえることが可能だろう。ようやく昭和戦前期にいたって、身の丈に合った日本語を子どもたちがなんとか操れるような段階になったのである。

　ちなみに「生活綴方」作文運動のモットーは、「ありのままに書く」だった。この主張の意味するところは多義に渡るが、少なくとも背後に控えていた言語観は、言語が対象を写し取ることができる、というかなり素朴なものであったことは間違いない。事物や事象などの「内容」は、透明な媒介物である言語によって対象化できる。別の言い方をすれば、言語は対象を写し取るための道具（用具）の役割を果たす、と考えられていたのである。子どもたちが言文一致文体を使用することで、対象を「ありのまま」に言語化できるという「思想」は、国語科が「用具教科」であると規定する立場ともどこかで通底する。

　こうして歴史的経緯をたどってくると、日本語の文章の読み書きが平易化したことで、「国語科」の役割も変化したという説明になる。言語抵抗の除去という仕事への役割の負担が減った国語科は、他教科と同様に、「内容教科」のような意識でとらえることのできる可能性が生まれたのだ。国語科の学習では、語句の意味を確認する目的で一語一語字引を引いたり、文章の解読の

ために何度も何度も文章を音読したりする作業にそれほど力をかけずにすむようになった。すなわち、理科や社会科と同じレベルで、「『ガ』と『カ』という発音の違いはどこにあるか」とか「平家物語はなぜ人々に受け入れられてきたのか」といった日本語学や日本文学研究に関わるような課題を直接設定し、それを多くの学習者が追求の対象とすることができるようになったのだった。

5　言語活動諸能力の育成

　しかし、まだ「国語科」には、言語活動能力の向上という役割が残っている。

　もちろん、国語科以外の教育活動も言語を介して行われる以上、言語能力の育成と無関係なはずはない。また、国語科が言語に関わる内容的な追求を抜きにして、用具（道具）としての言語活動だけを取り扱うということも不可能である。なぜなら、繰り返すことになるが言語という記号はその特性上、内容と形式とを合わせ持っているからである。各教科にわたる「汎用能力」である言語活動能力は、必ずしも国語科だけが育成する能力とは言えない。しかし国語科の役割が言語活動能力の向上にあるからといって、言語内容に関わる価値に関する論議を抜きにして実施されるようであってはならない。この両者のバランスが難しいのである。

　とりわけ「課題解決学習」を国語科に取り入れようとするときには、学習者の関心が言語活動能力の向上よりも「課題」を追求すること、つまり言語内容に集まりがちになる。したがって指導者の側には、その課題を解決するための最適の言語活動を選択しておくことと、言語内容と言語活動との関係を常に頭の隅に入れておくことが要請される。

　ここで再確認しておくべきは、方法や手段としての言語活動能力は、設定した「課題」が充実した体験をともなって成就することと不即不離の関係にある、という第一節で触れた原則である。課題を解決した新しい発見体験がない限り、そこで使われた方法としての「学び方」は、次の学習へと転化することはない。すなわち、解決すべき価値のある「課題（教育内容）」を選

択して、それを追求する学習活動の充実感こそが、「学び方」の有効感を保障するのだ。課題を解決して何の喜びも湧かなければ、学び手にとって次の学習への意欲は生まれない。言語活動諸能力の育成は、探究する課題内容との関係によって変化するのであり、その相互関係に十分配慮することが、国語科における「探究学習」の成立にとって重要なポイントなのである。

6　テキスト集の性格の検討

　国語科の学習が「探究」となじみにくいと考えられてきたのは、従来型の教科書(テキスト集)とも関係があるかもしれない。課題を探究するのだから、情報源としての書物は必要である。しかしそれは、あらかじめ学習専用にまとめられた1冊の教科書ではなく、問題意識によって集められた数冊あるいは数10冊のテキストである必要がある。一定の編集方針の下に各時間ごとに一定の分量の教材が配当された1冊の教科書を順番に学習していくという方法は、課題解決学習とは相性が良くない。つまり、「課題解決学習」では、固定された「教科書」の教材編成よりもう少しフレキシブルな資料集が必要になるのだ。もちろん、課題解決型の学習方法を前提とした教科書作りができないわけではない。しかし、従来からの模範文例を集成した薄い読みもの集のような体裁の国語教科書は、「課題解決学習」の資料集としては十分とはいえないだろう。

　さらに、探究学習で生成される成果物も問題になる。学習の成果は、板書の記録をもっぱらとする記録中心のノートのような形には収まらないだろう。課題解決学習の成果は、1つのテーマで貫かれた書物（学習記録＝ポートフォリオ）ができあがるというイメージになるのではないか。卒業論文などの作業イメージに近い。つまり、課題解決学習で最も重要なのは、自分の学習過程を記録し、学習後にまとめられる学習記録なのだ。したがって探究学習に必要な「教科書」とは、自分が創り上げていく学習の過程を手助けし、最終的な成果物を想像的に示すようなものであるべきだろう。さらにいえば、1つの課題解決を行った学習記録や学習体験そのものが、次の学習に向けての格好の「国語教科書」になると考えたい。

　この点で、戦後、他の教科で課題学習が提唱されたときに、国語科でも全面的に「課題解決学習」を導入しようとした事例を振り返っておくことも意味のないことではないだろう。戦後のある時期、読むことの学習に課題解決的な考え方が導入された。そこでは、従来型の教科書に載せられたテキストを読み解く学習と「課題解決学習的」な考え方は、次のような指導過程として接ぎ木される。すなわち、テキストを読んだ学習者は、まず言語抵抗をできるだけ除く学習をする。戦後国語教科書に掲載されるような平易な言語形式のテキストなら、これまでのようにそれほど時間をかける必要はない。とすると次には、テキストには何が書かれているのか、あるいは文章の書き手が何を訴えようとしていたのかが「探究」の対象になる。つまり「主題の追求」である。国語科の読みの学習では、教材文の「主題」がその学習で解決すべき「課題」と等値であると看做され、最終的に書き手の意図を探るような学習過程が国語科の課題解決学習の１つのパターンとして成立したのである。

　そこでは、初読で学習者が書いた感想文の中から、課題としての「読みの目あて」が作られ、それがこの単元で解決すべき「課題」として設定される。いうまでもなく読み手の読書反応をベースにして解決課題を設定することは、大事なことである。その作業にまったく異論はない。しかし、解決すべき課題の中心に「ただ一つの書き手の意図の追求」が置かれることによって、読解の学習自体が息苦しい作業になっていく。すでに「読者論」などの考え方が知られるようになった今日の地平からすれば、読みの学習の目的を「書き手の意図」のみに収斂させるような方向は、かなり危ういものを含んでいるからである。

　さらにそこで使われた教材は、全員が同一の教科書教材を使用しており、その教材の主題の追求は学級の「共通課題」だった。そうなると必然的に一つの教材を材料に話し合いを続けていき、教材に内包されるはずのただ１つの正しい主題を把握することが、学習目的になる。それは、結果として「正解到達主義」と癒着していく。このように、個人が作品を読むという営みの本質を十分に視野に入れずに、「課題解決学習」の形式だけが一律に導入さ

れた場合には、国語科の読みの学習は狭いところへ閉じ込められてしまう危険性が高い。いうまでもなく指導者側の意図としては、主体的な思考の態度を育てようとして「課題解決学習」的な学習方法を選択したはずだ。しかし、その願いが逆になってしまうこともありうるのである。

　これとは反対に、学習者に自由に「課題」を設定させ、それぞれが大量に多様な資料を収集して、それを検討材料として課題を追求させるような学習を組んだ場合にはどうなるか。いわゆる自由研究や「総合的な学習の時間」などで行われるような学習スタイルに近い。おそらくこうした学習形態は、「探究」学習の理想的な姿だといっていいかもしれない。だが、設定された「自由な課題」は、学習者のそれまでの知見や経験の範囲内に収まるものであることも多い。課題を追求しさえすれば、それまで知らなかった世界を感じることができるとは限らない。新しい地平を拓く価値のある課題も、必ずしも自力だけでは設定できない。

　学習の中で設定される「課題」は、資料の制約がありながらおそらく自力で達成可能だと判断されるものであるべきであり、同時にそれを解決することが学習者の喜びになることもある程度予想されるものである必要がある。そうした課題を学習者自身が設定するようになるためには、指導者の側にもかなりの準備と教育的力量がないと難しい。また個々の学習者の要求にていねいに対応したり、資料の入手やその活用などの手伝いを含めて、学習者の設定した様々な課題解決に対する適切な支援活動を十分に用意する時間も必要になる。こうした問題は、どの学習方法を採用しても同じことだとも言えないことはないが、とりわけ国語科の課題解決学習においては、未解決の多くの困難点があることも事実であろう。

　それにもかかわらず、学習者の問題意識を立脚点として、それを広げ深めていくことが、学習の原点であることに変わりはない。幸いなことには、既述したように、近年になって様々な教育環境も整いつつある。したがって、学習者の主体的な姿勢を喚起するような学習方法として「問題解決学習＝探究学習」の意義は、増大することはあれども減少することはないだろう。

　そうだとするなら、国語科における理想的な「探究学習」は、ことばの持

つ本質的な機能という地点に立ち戻りつつ、学習方法自体を常に「探究」し
なおし、それを更新し続けていくようなものでなくてはならない。もし課題
が解決された状態にいたったとしても、それは仮の収束点であり、次なる学
習へのスタート台なのだ。そうしたことを自覚するためにも、学習における
「課題解決」という仮説装置を設定し直し続ける必要があるのではないか。

参考文献

上田薫『上田薫社会科教育著作集1　問題解決学習の本質』明治図書出版、1978
　　年。

梅根悟『問題解決学習』誠文堂新光社、1954年。

倉澤栄吉『倉澤栄吉国語教育全集11　情報化社会における読解読書指導』角川
　　書店、1988年。

桑原隆『言語生活者を育てる―言語生活論&ホール・ランゲージの地平』東洋館
　　出版社、1996年。

田近洵一『言語行動主体の形成―国語教育への視座』新光閣書店、1975年

中央教育審議会「幼稚園、小学校、中学校、高等学校及び特別支援学校の学習
　　指導要領等の改善及び必要な方策等について（答申）（中教審第197号）」
　　〔mext.go.jp/b_menu/shingi/chukyo/chukyo0/toushin/_icsFiles/
　　afieldfile/2017/01/10/1380902_0.pdf〕（最終検索日2016年12月21日）

滑川道夫『映像時代の読書と教育』国土社、1979年。

浜本純逸『国語科新単元学習論』明治図書出版、1997年。

文部省『単元学習の理解のために―教育課程におけるその位置と構造―』牧書
　　店、1954年。

あとがき

　高度経済成長期に生まれ、バブル期に青春時代を送った編者にとって、デパートは心躍る楽しい場所でした。幼い頃は家族そろってレストランで食事をしてから玩具売り場でおねだりをする……、少し長じてからはバイトの稼ぎを握りしめて、緊張しながらデザイナーズブランドのジャケットを試着する……、モノの消費に伴うドキドキやわくわく感を味わえる場所が、デパートでした。昭和から平成の30年を超えて、令和の今、日本全国でこのデパートが沈没していっています。

　デパートの不振、撤退に象徴されるように、モノを買うという行為の形態も近年、急速に変化しています。実店舗に足を運び実物を手に取るよりも、いつでもどこでも、インターネットを通じて手に入れることが重宝されており、しかも、現金決済ではない支払い方法が浸透しています。

　このような世の中のめまぐるしい変化を、現在、私たちは日常にしているのです。

　例えば、自動走行車の進歩にも目覚ましいものがあるようです。オペレーターが乗車せずに、目的地まで安全かつスピーディーに乗員を送り届けるなど、少し前までは夢のような話でしたが、実用化はもう目の前まできているようです。高齢ドライバーによる事故やあおり運転など、自動車運転に伴う報道に触れることが多くなった昨今、こうした技術革新への期待はますます高まっています。

　内閣府が描くsociety5.0は、人工知能やビッグデータ等の社会のあり方に影響を及ぼす技術革新と、高齢社会、エネルギー問題、環境問題といった社会的課題と経済発展とを両立する、超スマート社会のことです。現在（society4.0）は、人間が必要なときに情報にアクセスして判断する情報社会ですが、人間の能力には限界があるため、膨大な情報から必要な情報を見つけて分析する作業に問題があったり、年齢や障害などによる労働や行動範囲に制約もありました。しかし、IoT（Internet of Things）で人とモノが接続

されて様々な情報が共有され、ロボットによる代行等も加わり、様々な課題や困難が克服されていくことになるそうです。例えば、自動走行車は、危険や異常を察知して判断するだけでなく、自動車運転につきまとう大きなストレスである交通渋滞についても、ビッグデータからの情報を基にAIが最適なルート選択を行ってくれることになるのです。人間が情報にアクセスして判断するのではなく、必要な情報と最適な判断が降りてくるようになる、それが人類がこれから向かう近未来だというのです。

　明治末期までにインフラが整備された日本の教育も、制度疲労があちこちで見られ、大きな技術革新に迫られていますが、なかなか「これまで通り」の慣習から離脱できないのも日本の教育の一側面です。society5.0は近未来図の一つではありますが、どうやら「これから」の社会のあり方は、私たちが想像する以上に大きく変わっていくこと自体は、間違いないようです。

　諸外国では、すでにICTによる教室の風景が激変し、技術革新を含め、教育内容・方法の変革が進展していますが、日本では、まだまだチョーク＆トークにしがみつく授業は日常です。「教えること」から「学ぶこと」への視座の転換は容易ではなさそうです。それでも、小学校から中学校へと広がり、いよいよ高等学校でも本腰を入れて取り込み始められた探究学習は、「これから」の教育の在り方として、ますます重視されていくでしょう。そうでなければ、日本という極東の島国が、これからの世界に貢献する力を発揮していくことは難しくなるかもしれません。未来を創るのは教育です。社会的課題と経済発展の両立と聞けば、誰も否定できない夢物語ですが、society5.0をうまく実現するのも、また相当な困難を伴うはずです。歪さや盲点はきっとあります。そこに至るまでの道のりにおいて、教育はどうあるべきか、また、人工知能やビッグデータから提供される日常生活が実現された後に、人間はどのように主体的であり得るのか。最適化は、人間一般においてでなく、個別具体的な状況にある一人ひとりにとっての最適化でなければなりません。人工知能が提供する判断についてもクリティカルに判断する人間の生の頭脳や柔らかい感覚はますます研ぎ澄ませる必要があります。

　知識の理解と習得に止まらず、学んだことを活用し、関連付け、自ら課題

を発見し解決への道のりを考える学習の真価は、数十年後の日本社会と世界がどうなっているかによって評価されることになるでしょう。

　本書で紹介され、特徴が鮮明に取り出されている「これまで」のすぐれた教育遺産の中には、そのヒントがたくさんちりばめられています。取り上げられている実践は、国語科のみならず、他教科、総合的な学習の時間、HR等、多岐におよびました。まさに教科等を横断し、人間が世界の不思議や物事の本質の奥深さにたじろぐ、学ぶことの真髄が示されています。

　もしかすると、近い将来、高等学校では国語科という教科は消滅するかもしれません。それでも、言語の能力が探究的な学習にとって不可欠の要素であることには変わりありません。他教科等で言語の能力が鍛え上げられていくのであれば、それもありかな、とも思います。しかし、おそらくそんなに都合良くもいかないでしょう。各教科等にはそれぞれの目標と内容があり、言語活動は多彩になっても、やはり言語の能力そのものの学習指導にまでは手が回らないのではないでしょうか。カリキュラムマネジメントの要として国語科がその責務を自覚し、確かな役割を果たしてこそ、探究学習も質的に深められていくと思いたいのですが、難しいでしょうか。あるいは、英語科がその役割を担う時期が来るのかもしれません。しかし、母語、母国語の錬磨は外国語の習得にも影響を与えます。英語教育の早期化は、逆に国語科存続・強化の根拠にもなるかもしれません。

　いずれにしても、国語科が要としての役割を果たし、各教科等で行われる探究学習の深化に貢献できるようになることを望まずにはいられません。本書が、国語科と国語科を超える視点から探究学習を実現させようと格闘している方々にとって、僅かでも力になるとしたら、こんなにうれしいことはありません。

　最後になりますが、本書の企画段階から親身になって相談に乗っていただいた木村逸司氏、校正段階で細かなところまで点検いただいた宇津宮沙紀氏に、心より御礼申し上げます。

　2019年12月1日　　　　　　　　　　編者　幸田　国広

索　引

執筆者一覧

（執筆順。肩書きは令和2年4月現在）

浜本　純逸（はまもと　じゅんいつ）　神戸大学名誉教授・元早稲田大学特任教授
　　　　　　　　　　　　　　　　　　元鳥取大学教授
幸田　国広（こうだ　くにひろ）　　　早稲田大学教授
首藤　久義（しゅとう　ひさよし）　　千葉大学名誉教授
稲井　達也（いない　たつや）　　　　大正大学教授・附属図書館長
森　美智代（もり　みちよ）　　　　　福山市立大学准教授
島田　康行（しまだ　やすゆき）　　　筑波大学教授
佐野　　幹（さの　みき）　　　　　　宮城教育大学准教授
牛山　　恵（うしやま　めぐみ）　　　都留文科大学名誉教授
中村　敦雄（なかむら　あつお）　　　明治学院大学教授
村上　呂里（むらかみ　ろり）　　　　琉球大学教授
草野十四朗（くさの　としろう）　　　活水高等学校・活水女子大学非常勤講師
坂口　京子（さかぐち　きょうこ）　　静岡大学教授
府川源一郎（ふかわ　げんいちろう）　横浜国立大学名誉教授・日本体育大学教授

ことばの授業づくりハンドブック
探究学習
——授業実践史をふまえて——

令和2年4月10日発行

監修者　浜本　純逸
編　者　幸田　国広
発行所　株式会社　渓水社
　　　　広島市中区小町1-4（〒730-0041）
　　　　電　話（082）246-7909／FAX（082）246-7876
　　　　e-mail:info@keisui.co.jp

ISBN978-4-86327-510-2　C3081

元早稲田大学特任教授・神戸大学名誉教授　浜本純逸 監修
ハンドブックシリーズ

好評既刊書

文学の授業づくりハンドブック ・授業実践史をふまえて・

《第1巻　小学校低学年編／特別支援編》　難波博孝編　1,800円

文学の授業デザインのために／「大きなかぶ」／「くじらぐも」／「たぬきの糸車」／「スイミー」／「お手紙」／「かさこじぞう」／「きつねのおきゃくさま」／特別支援教育における文学教育

【執筆者】稲田　八穂、今井美都子、酒井晶代、寺田守、難波博孝、浜本純逸、武藤清吾、目黒 強、森 美智代

《第2巻　小学校中学年編／詩編》　松崎正治編　1,800円

文学の授業デザインのために／「ちいちゃんのかげおくり」／「モチモチの木」／「つり橋わたれ」／「あらしの夜に」／「白いぼうし」／「一つの花」／「ごんぎつね」／谷川俊太郎の詩教材／工藤直子の詩教材／まど・みちおの詩教材

【執筆者】赤木雅宣、幾田伸司、上谷順三郎、住田 勝、田中千花、鶴田清司、浜本純逸、林美千代、東 和男、松崎正治、村上呂里、山元隆春

《第3巻　小学校高学年編／単元学習編》　藤原 顕編　1,800円

文学の授業デザインのために／「大造じいさんとがん」／「わらぐつの中の神様」／「注文の多い料理店」／「川とノリオ」／「海の命」／「やまなし」／「カレーライス」／単元学習と文学作品（一）～（三）

上田祐二、浮田真弓、小笠原拓、河野順子、河野智文、浜本純逸、藤井知弘、藤森裕治、藤原 顕、守田庸一、山元悦子

《第4巻　中・高等学校編》田中宏幸・坂口京子編　2,200円【二刷出来】

文学の授業デザインのために／「少年の日の思い出」／「走れメロス」／「字のないはがき」／「握手」／「故郷」／「羅生門」／「こころ」／「山月記」／「七番目の男」／詩／古典／文学を学習材とした「単元学習」

【執筆者】甲斐利恵子、熊谷芳郎、幸田国広、坂口京子、高山実佐、田中宏幸、丹藤博文、中西一彦、浜本純逸、三浦和尚、渡辺春美、渡辺通子

特別支援教育と国語教育をつなぐ

ことばの授業づくりハンドブック

小・中・高を見とおして

浜本純逸監修／難波博孝・原田大介編　2,100円

特別支援学級・学校および通常学級における子どもたちのことばの力を伸ばすための授業づくりの実践と理論。

特別支援とことばの授業づくりの考え方／特別支援学校におけることばの授業づくり／特別支援学級におけることばの授業づくり／通常学級におけることばの授業づくり　の4部構成

【執筆者】浜本純逸／原田大介／難波博孝／高井和美／古山 勝／新井英靖／藤井明日香／伊藤伸二／氏間和仁／高橋浩平／三寺美穂／小林 徹／中野聡子／高野美由紀／菅野和恵／稲田八穂／永田麻詠／平賀健太郎／湯浅恭正／落合俊郎／山下恵子

お求めは最寄りの書店・大学生協で。表示価格には別途消費税がかかります。

元早稲田大学特任教授・神戸大学名誉教授　浜本純逸 監修

ハンドブックシリーズ

好評既刊書

メディア・リテラシーの教育 ・理論と実践の歩み・

1990 から 2014 年までの刊行書によってメディア・リテラシー教育の実践を考察、これから
のあり方を展望する。国語科におけるメディア教育の定義・内容・指導方法・評価の観点とは。
【奥泉　香 (編)　2500 円】

《1　メディア・リテラシー教育の実践が国語科にもたらしたもの》
　メディア・リテラシー教育の実践が国語科にもたらした地平／国語科にメディア・リテラシーを位置
づけた教育理論／教科書教材史から見える実践と今後への展望／国語科でメディア・リテラシー教育
を充実させるための枠組み／リテラシーの変遷と国語科教育の課題／国語科における教科内容の再構築
《2　国語科教育としてのメディア・リテラシー教育実践》
　絵図を活用した授業実践／写真を扱った授業実践／広告・CMを扱った授業実践／新聞(紙媒体・Web
媒体)を活用した授業実践／テレビを使った授業実践／インターネットを扱った授業実践／携帯電話・
タブレット端末を扱った授業実践／アニメーションを使った授業実践／映画を扱った授業実践
《特別寄稿　未来に向けたメディア実践のリテラシー》

【執筆者】浜本純逸／奥泉　香／近藤　聡／中村純子／砂川誠司／中村敦雄／松山雅子／鹿内信善／
羽田　潤／瀧口美絵／大内善一／草野十四朗／上田祐二／石田喜美／藤森裕治／町田守弘／湯口隆司

「書くこと」の学習指導 ・実践史をふまえて・

「話すこと・聞くこと」・「読むこと」の関連指導。論理的な文章、手紙、短作文、詩歌、物語・
小説・脚本を書く授業など、過去の優れた実践を振り返りながら、生徒の創作意欲を喚起し、
書く喜びと達成感を味わえる魅力的な授業づくりを提案する。【田中宏幸（編）　2500 円】

「書くこと」の授業づくりの基本的考え方／文章表現の基礎力を高める／「話すこと・聞くこと」との
関連指導／実用的文章としての手紙の指導とその形式の活用／「読むこと」との関連指導−中学校−
／「読むこと」との関連指導−高等学校−／論理的な文章 (意見文) を書く−中学校−／論理的な文章
(意見文・小論文) を書く−高等学校−／詩歌を創る (詩・短歌・俳句) ／小説・物語・脚本を書く／
年間指導計画を立てる／これからの表現指導(展望)／【資料】

【執筆者】浜本純逸／田中宏幸／金子泰子／阪口京子／三浦和尚／藤井知弘／高山実佐／五十井
美知子／井上雅彦／児玉　忠／武藤清吾／伊木　洋

漢文の学習指導 ・実践史をふまえて・

戦後のわが国での漢文教材史を概観し、先進的な実践について、その目的・内容(教材)・方
法・評価法を要約・解説。生徒の自発的な学習を促す漢文授業づくりのヒントを提供する。
【冨安慎吾（編）　2500 円】

《1　国語科教育における漢文教育の意義》
《2　漢文教育の歴史》
《3　国語科教育としての漢文教育実践》
　思想教材を用いた実践／史伝教材を用いた実践／漢詩教材を用いた実践／日本漢文教材を用いた実践／
漢文と古文・現代文の総合化を図った指導／漢文教育における言語活動／漢文を中心とした創作活動／
中学校・高等学校における漢字・語彙指導の工夫
《これからの漢文教育の授業づくり》

【執筆者】浜本純逸／冨安慎吾／植田　隆／菊地隆雄／阿部正和／世羅博昭／大村勅夫／岡本利昭
／李　軍／安居總子

お求めは最寄りの書店・大学生協で。表示価格には別途消費税がかかります。